Maison d'édition marseillaise
dédiée au plein air et à l'aventure

Éditions du Chemin des Crêtes

L'aventure au fil des

RANDO-BIÈRE EN FRANCE

Belles balades et brasseries artisanales de qualité

2e édition

Rami Dahdah

Textes : Rami Dahdah
www.chemindescretes.fr

Graphisme et mise en page : Magali Lecler et Laure Bertolo
Cartes : Sami Poli et Magali Lecler
Couverture et 4e de couverture : ©Timothée Mathelin
Imprimé en France à Péronnas par Sepec en novembre 2024 - 07984240816
Dépôt légal 2e semestre 2024 - ISBN 9791095743613

IMPRIM'VERT®

Rando-bière en France

Sommaire

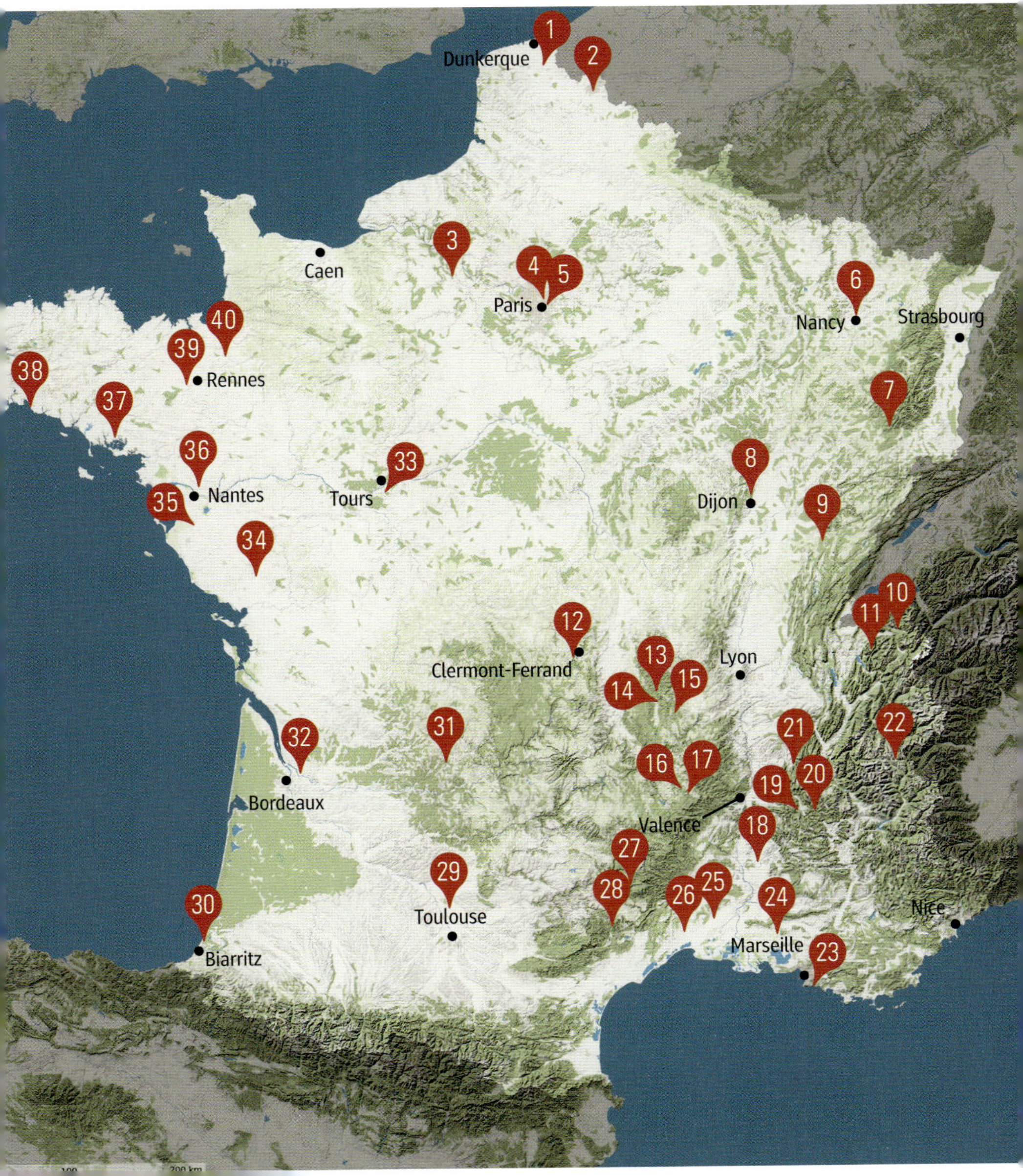

Dunkerque
Caen
Paris
Nancy
Strasbourg
Rennes
Nantes
Tours
Dijon
Clermont-Ferrand
Lyon
Bordeaux
Valence
Toulouse
Biarritz
Marseille
Nice
1
2
3
4
5
6
7
8
9
10
11
12
13
14
15
16
17
18
19
20
21
22
23
24
25
26
27
28
29
30
31
32
33
34
35
36
37
38
39
40

Un grand merci à Sylvie et Jean-Marc Dumas qui m'ont permis de faire une petite résidence d'écriture aux Claux. Merci également à Tristan Duchet pour sa confiance, ainsi qu'à toutes les brasseries et aux passionné.e.s de marche à pied pour leurs contributions.

Bibliographie

DAUMAS Maurice,
Histoire générale des techniques, Des origines au XVe siècle, Quadrige/PUF, 1996.

FIGUIER Louis,
Les Merveilles de l'industrie : industries agricoles et alimentaires, t. 4, Éditions Jouvet et Cie, Paris, 1873-1876.

BOIVIN Claude,
La Bière, son histoire, sa fabrication et sa dégustation, Arion Éditions, Lac Beauport (Québec), 2005.

STENGEL Kilien,
Le Grand Quiz de la bière, Éditions Lanore Delagrave, (Groupe Flammarion), 2008, Gourmand Cookbook Awards 2010, catégorie Beerbook.

SUNIER Jean,
La fabrication de la bière, Éditions Alliage, Québec, 2007.

PIERRE Elizabeth,
Guide Hachette des bières artisanales, introduction.

HELL Bertand,
Bières et Alchimie, L'œil d'or, essais & entretiens, 2015.

DÉMARCHE DE L'AUTEUR

C'est en 2016 que Tristan, éditeur aux Éditions du Chemin des Crêtes, m'a contacté pour un projet d'ouvrage. Co-fondateur et alors gérant-salarié d'un bar-restaurant spécialisé dans la bière artisanale locale, le Bieristan, je suis immédiatement séduit par l'idée de produire un ouvrage de randonnées dans toute la France autour de trois éléments clés que sont la bière artisanale, les balades en nature et les rencontres avec des artisan·e·s de la bière.

L'idée est donc de proposer des itinéraires éparpillés aux quatre coins de l'hexagone en se souciant en priorité de la brasserie et dans un second temps, des propositions de balades alentour.

Ainsi, le choix des brasseries pour cette nouvelle édition s'est fait en fonction, certes de mes affinités, mais également des brasseries qui participent à l'enrichissement de la filière brassicole française, à travers des créations toujours plus délirantes, et des partis pris économiques, territoriaux, sociaux de plus en plus engagés. Vous trouverez pour chaque chapitre, la présentation d'une brasserie artisanale, une bière sélectionnée après la randonnée et des idées de bières à offrir ainsi qu'une randonnée, ou une balade, .

Vous comprendrez ici notre volonté de faire cohabiter dans cet ouvrage les sensibilités diverses des personnes qui y ont concouru ; à savoir les activités en pleine nature, la découverte de la bière artisanale à travers la France et la rencontre avec des artisan·e·s passionné·e·s.

L'APPROCHE DE LA BIÈRE ET LA SÉLECTION DES BRASSERIES

« Les goûts sont dans la nature, les nôtres sont ici, dans cette bouteille[1] »

Lors de l'élaboration de cet ouvrage, j'ai fait le choix de mettre en avant des brasseries originales, des artisan·e·s rencontré·e·s et apprécié·e·s et des bières dégustées dans mes pérégrinations randonneuses et brassicoles en France et en Europe. C'est donc une liste avec un parti pris certain et assumé qui n'a pas pour vocation d'être exhaustive.

Vous trouverez donc des brasseries et des bières choisies selon des critères subjectifs de goûts, de rencontres et d'un état d'esprit faisant écho à mon avis d'amateur de bières, d'entrepreneur et de bon vivant. C'est aussi, et avant tout, la mise en avant d'artisanes et d'artisans qui façonnent des matières premières de qualité avec passion et envie afin de donner corps à leur notion de plaisir ; la bière ce n'est que ça, du plaisir !

1. Phrase disponible sur toutes les bouteilles de la brasserie de l'Agrivoise.

LA BIÈRE : APERÇU HISTORIQUE

La bière est un breuvage difficile à dater précisément. Il est attesté que la découverte de ce qu'on pourrait appeler une boisson de malts fermentés, se situe quatre mille ans avant l'ère chrétienne[2]. On situe géographiquement les premiers vestiges de la fabrication et de la consommation de « bière » en Mésopotamie, entre le Tigre et l'Euphrate, dans les ruines babyloniennes. Puis, plus tard, à Sumer[3], au IVe et IIIe millénaire avant l'ère chrétienne. C'est notamment dans le code d'Hammurabi, texte juridique babylonien gravé sur une stèle de basalte noir et rédigé en écriture cunéiforme et en langue akkadienne, datant de 1750 avant J.-C., que l'on trouve les premiers écrits juridiques concernant l'élaboration de la bière.

La boisson d'alors se nommait « Sikaru[4] » et a toujours fait partie des cycles et des phénomènes de pratiques spirituelles tout au long de l'histoire antique. Le Sikaru est une offrande à la déesse Ninharra en Mésopotamie, de même qu'au dieu Mardouk dans l'empire babylonien. C'est une boisson sacrée également en Egypte antique, protégée par Isis, déesse de l'orge, et Osiris patron des brasseurs[5]. La boisson d'époque Sikaru est bien loin de ce que nous consommons actuellement.

La bière comme nous la connaissons aujourd'hui, nous vient de la culture monastique, dès 862 après J.-C., comme l'attestent les témoignages de moines durant l'époque carolingienne. Il s'ensuit le développement de plusieurs brasseries d'abbayes et l'apparition d'un brassage « maison » réalisés par des femmes.

2. B. HELL, *Bière & Alchimie*, 2015, Chap. Une tradition millénaire, p.5.

3. Nom d'origine inconnue, désignant la partie méridionale de la Mésopotamie antique, souvent opposée à la partie centrale, ou pays d'Akkad. Née entre 3500 et 3000 avant J.-C., la civilisation sumérienne est le fruit de la lente évolution de populations non sémites installées sur les terres de basse Mésopotamie depuis la fin du VIe millénaire.
http://www.larousse.fr/encyclopedie/autre-region/Sumer/145506

4. B. HELL, *Bière & Alchimie*, 2015, Chap. Une tradition millénaire, p.5.

5. Ibid, p.7.

Les premiers écrits concernant une production de la bière de manière artisanale, en volume conséquent, se situent en Alsace, aux alentours du milieu du XIIIe siècle.

S'ensuit une évolution de la production de la bière territoriale où l'Alsace et la Flandre jouent un rôle important. Puis, à la fin du XIXe siècle et au début du XXe siècle, la révolution industrielle modifie très largement le paysage brassicole français. Le déplacement du savoir faire alsacien aux quatre coins de la France permet la création de plusieurs grandes brasseries françaises, notamment dans le Sud-Est : la brasserie de Loire, la brasserie Georges et les brasseries de la Méditerranée fondées à Marseille par Geoffrey Velten, arrière-arrière petit-fils d'une lignée de brasseurs alsaciens.

C'est donc par le développement de matériels mécaniques industriels, à vapeur notamment, que la possibilité de créer du froid, avec les refroidisseurs à plaques, et les avancées microbiologiques de Pasteur, pour ne citer que lui, vont fondamentalement faire muter le marché de la bière et permettre une forte augmentation de la production par l'accélération des processus de fabrication.

Depuis une vingtaine d'années, la brasserie artisanale française se renouvelle et reprend des codes issus du renouveau nord-américain le *Craft Beer*. Ce mouvement se base sur l'indépendance des moyens de production et de distribution vis-à-vis des multinationales agro-alimentaires et promeut des bières vivantes, originales et marquées territorialement, comme un écho à l'explosion de la consommation en circuits courts et la prise de conscience quant à la production industrielle mondialisée et oligarchique. En effet, trois groupes industriels détiennent plus de mille quatre cents marques de bières dans le monde[6].

6. Trois groupes détiennent plus de 70% du marché français ; AB InBev, Heineken et Carlsberg. M.DAMGE, Les Décodeurs LeMonde.fr, *Ces trois groupes industriels qui rassemblent plus de 1 400 marques de bière*, Juin 2017.

LA MARCHE À PIED COMME ACTIVITÉ

C'est au XIXe siècle[7] qu'apparaissent les premiers clubs de marche. Au départ, cette activité, liée étroitement aux ascensionnistes, se trouve être l'apanage d'une certaine élite sociale, notamment dans un aspect d'aventure et de découvertes liées à l'alpinisme.

La marche comme activité se développe et se popularise ; c'est ainsi qu'apparaît une séparation entre les ascensionnistes et les excursionnistes aux pratiques plus contemplatives de la marche et de la montagne en général.

Les excursionnistes et les ascensionnistes actent leur division, et on assiste à l'avènement de groupes, clubs et associations dédiés à la balade en montagne : la société des touristes du Dauphiné, le club des excursionnistes marseillais, le Club vosgien sont autant de groupes structurés qui organisent, balisent et fondent véritablement les prémices des fédérations et groupes de randonnées que nous connaissons aujourd'hui.

Le Touring club de France, créé en 1890, ainsi que le Camping Club de France participent grandement à la popularisation de la randonnée, qui a pour objectif de « casser l'égoïsme urbain et de permettre une lecture collective de la nature[8] ».

Mais c'est avant tout sous l'impulsion de Jean Loiseau[9] que la randonnée se structure en réseaux de marcheurs, de sentiers, de refuges et d'itinéraires cartographiés.

La marche revêt donc, dans ses fondements, des notions de découverte, de collaboration collective et d'aventure.

---

7. A. DE BAEQUE, *Marcher, une histoire des chemins 6/8,* FranceCulture.fr, 0:59, Août 2014.

8. Ibid.

9. Ibid.

UN LIEN ENTRE LA RANDONNÉE ET LA BIÈRE

À quel moment nous est-il apparu cohérent de lier deux activités millénaires que sont la marche et la bière ? Et bien pour être franc avec vous, il n'y a aucun ancrage culturel ou historique à ce propos. C'est avant tout par la pratique de la randonnée et le fantasme d'une bière au bout de quelques heures, qui conclut un effort, récompense une ascension et étanche la soif, que cet ouvrage s'est construite.

Qu'elle soit en demi ou en pinte, même sans-gluten ou avec de la limonade ou du sirop, la bière est devenue un élément incontournable de plaisir après l'effort physique.

INFOS SUPPLÉMENTAIRES ET IMPÉRATIVES

Il est important de vous munir, pour les randonnées citées, d'une carte IGN associée au territoire. Il est également impératif de vous renseigner sur les conditions de randonnée avant tout départ. Une mine d'or pour se renseigner : *www.visorando.com* ainsi que l'application mobile associée qui est redoutablement efficace pour se repérer sur le terrain.

L'abus d'alcool est dangereux pour la santé, consommez avec modération. Loi n°2011-525 du 17 mai 2011 - art. 175 (V).

Il est très important de prendre rendez-vous avant de visiter une brasserie. Cela permet aux personnes travaillant dans la brasserie de prendre le temps de vous accueillir correctement. Merci de vous référer aux indications « infos-contacts » pour les joindre.

INFOS SUPPLÉMENTAIRES ET PAS FORCÉMENT IMPÉRATIVES

Légalement, depuis 1905, il est important de noter qu'est considéré comme « bière » un produit contenant des céréales maltées, du houblon, de la levure et de l'eau. Depuis 2017, est autorisé l'ajout d'épices et d'herbes aromatiques[10].

Il est important de conserver les bières artisanales dans un endroit sec, à l'abri de la lumière et surtout droites. Étant donné le dépôt de levures des bières non filtrées et non pasteurisées, cela évite une propagation des levures et par conséquent une modification du goût notable.

Le fameux « demi » (25cl) de bière ne fait pas référence à un demi-litre mais à une demi-chopine. Et une chopine, c'est une ancienne mesure de volume qu'on utilisait en France avant la Révolution. Elle correspondait à une demi-pinte.

Et une pinte correspondait à 48 pouces cube, un pouce, c'était le douzième d'un pied du Roi, un pied du Roi, ça mesurait 32,48 cm[11].

10. *Nouvelles définitions de la bière, que signifient-elles ?* www.happybeertime.com, 22 novembre 2016.

11. N. Obermann et C. Gaudillot – *Le quotidien : un demi,* Karambolage n° 220 – www.Arte.tv

Glossaire

Ale
D'origine scandinave (øl). Ale désigne de manière générique les bières en fermentation haute.

American Pale Ale
Style de bière ayant pour caractéristiques un houblonnage très aromatique et une rondeur prononcée.

Bitter
Bière de style anglais définissant des Pale Ale légèrement amères.

Brassin
Opération unitaire de production de bière.

Brewpub
Bar produisant sa propre bière. Il existe également les versions francophones « Broue Pub » et, plus rarement, « Bistrot Brasserie ».

Craft beer
Anglicisme pour « bière artisanale », brassée avec soin et savoir-faire, terme utilisé en opposition à la notion de bière industrielle et évoquant le mouvement de renouveau de la bière, fabriquée par de plus petites structures misant sur des goûts plus marqués, et une créativité accrue.

Drêche
Ce qui reste des céréales ayant servi à préparer le moût.

Houblon
Fleur de la famille des Cannabaceae incorporée sous forme de pellet, de cônes ou de fleurs, dans le mélange d'eau et de malt afin d'amériser ou d'aromatiser la bière.

Houblonnage à cru
En anglais, « *dry hopping* » une technique consistant à infuser le houblon également en fermenteur, ce qui permet d'extraire des arômes plus frais ou plus fruités.

I.B.U. (International Bitterness Unit)
Indicateur d'amertume de la bière, régulièrement indiqué sur les étiquettes de bières.

India Pale Ale
Style de bière anglaise du XVIIIe siècle ayant pour caractéristique un fort houblonnage permettant la conservation lors des voyages dans les colonies des Indes.

Lager
Terme générique désignant les bières de fermentation basse.

Malt
Céréale (blé, orge, avoine, seigle…) cuite, qui lorsqu'elle est concassée et infusée dans l'eau chaude est la base de la fabrication de la bière. Le niveau de cuisson et la quantité de malt ont un impact sur la couleur et le niveau d'alcool.

Pils
Style de bière en fermentation basse d'origine tchèque, de Pilsen précisément.

Saison
Style belge de bière brassée par des travailleurs saisonniers en hiver, dégustée en été.

Sour Kettle
Technique d'acidification « sour » du moût, en cuve d'ébullition « kettle », en général avec des bactéries lactiques, pour obtenir une bière acidulée (bière sure ou Sour Beer).

Stout
Bière noire, brassée avec des malts torréfiés, lui conférant sa couleur et ses saveurs particulières. La légende veut que ce style ait été créé en Grande-Bretagne en utilisant des malts d'un entrepôt qui avait brûlé.

Summer Ale
Bière dorée, de style américain, légère et fruitée.

Taproom
Littéralement « salle des robinets » (à bière), anglicisme décrivant le bar ou la salle de dégustation propre ou accolée à une brasserie.

Tégestophile
Collectionneur de sous-bock et par extension de tous les objets se rapportant à la bière (étiquettes notamment). On parle aussi de cervalobélophile.

Vin
Dans la bière, le vin est une bière vieillie en fûts de bois (exemple : Barley Wine).

Weizenbier
Style de bière bavaroise au blé et en fermentation haute.

Witbier
Bière de blé douce, la blanche belge typique, avec des notes légèrement fruitées et souvent un peu d'acidité.

Zythologie
Mot composé des mots grecs *zythos* (bière) et *logos* (étude, discours). Discipline qui se consacre à l'étude de la bière, du brassage et des brasseries, tant au point de vue historique, que technique ou gustatif. On parle également de biérologie, néologisme inventé par le comédien belge Ronny Coutteure.

01 Brasserie Thiriez

La brasserie se trouve au cœur d'un charmant village des Flandres, à 20 km de Dunkerque. En 1996, Daniel Thiriez, pionnier du mouvement *craft beer* français, décide de s'y installer. La Brasserie Thiriez est créée avec une salle de brassage de 6 hectolitres. La salle de dégustation est aménagée dans une aile de l'ancienne ferme. Les premiers brassins sont commercialisés en janvier 1997. Aujourd'hui, la Brasserie Thiriez c'est une entreprise familiale qui propose plusieurs gammes de bières : classiques, spéciales et biologiques.

INFOS PRATIQUES

Lundi à mercredi : 8 h 30 à 12 h 30/14 h 30 à 17h
Jeudi, vendredi : 8 h 30 à 12 h 30/14 h 30 à 19h
Samedi : 9 h 30 à 12 h 30/14 h 30 à 19h
Fermé les dimanches et jours feriés

CONTACT

Brasserie Thiriez
22 rue de Wormhout
59470 Esquelbecq
contact@brasseriethiriez.com
Tél. : 03 28 62 88 44
www.brasseriethiriez.com

UNE BIÈRE APRÈS LA RANDO ?

Étoile du Nord, Saison houblonnée

Initialement nommée « les Frères de la Bière », *L'Étoile du Nord* est le fruit d'un partenariat avec un brasseur anglais, John Davidson de la Swale Brewery. Blonde, légère en alcool, un houblon aromatique du Kent, utilisé très généreusement lui confère son caractère unique...

QUE FAUT-IL ABSOLUMENT RAMENER DE LA BRASSERIE ?

... À votre pote **fan de Jim Harrison** - *Dalva* - Double I.P.A - 8,5%.
La Dalva est de couleur ambrée, aux reflets légèrement cuivrés. C'est une bière puissante qui conjugue les arômes fruités des houblons américains et une amertume agréable et persistance en bouche.

... À votre pote **fan de carbonnades flammandes** : *Maline* - Stout - 5,8%.
Cette bière a été mise au point à l'occasion de la bière de Noël 2004. Sa couleur noire surprend avec son goût grillé et boisé, sans être ni amer ni sucré.

LES MOULINS DISPARUS D'ARNÈKE

Source : Anserien-Visorando

Arnèke est un village de 1600 habitants non loin de Cassel. Vous découvrirez de beaux points de vue sur Cassel et le Mont des Récollets ainsi que l'église de Zegerscappel.

DESCRIPTION DE LA RANDONNÉE

Stationner au parking de l'église d'Arnèke. Découvrir l'édifice, une hallekerque divisée en trois nefs d'hauteur égale, constituée en grande partie de briques. Elle est dédiée à Saint Gohard qui fut curé d'Arnèke vers l'an mille, vénéré contre les rhumatismes, la sciatique et les maladies inflammatoires.

L'église comprend un beau mobilier notamment les retables, confessionnaux et une chaire remarquable réalisée par le maître menuiser d'Arnèke François Spillemacker.

Quincaillerie Cailliau © OT Arnèke

FICHE TECHNIQUE

N 50.833566° / E 2.412296°

3h05 — 30 m

10,78 km — Moyenne

8 m — 2303E

D/A : Sortir de l'église, prendre à droite puis à gauche, rue Paul Gosset. Prendre à droite, route de Cassel (D11) jusqu'au passage à niveau. Traverser le passage à niveau et prendre à gauche, rue de Saint Omer sur 150 m.

Prendre à droite, rue des Sept Planètes. Après 500 m à droite, la ferme des Sept Planètes est une ancienne demeure d'un seigneur du Moyen-Âge. Après 250 m, prendre à droite le chemin d'Aire (traduction fantaisiste de Haerinckstraete) qui était jusqu'au XVIIIe siècle un axe important.

1. L'emprunter à droite, rapidement ignorer le chemin à gauche et continuer tout droit pour rejoindre la D11. La prendre à gauche et parvenir au carrefour du Violon d'Or.

2. Tourner à droite au niveau de la déchetterie par la rue Lynde Straete. Passer devant un cimetière militaire britannique. Au carrefour suivant, faire une

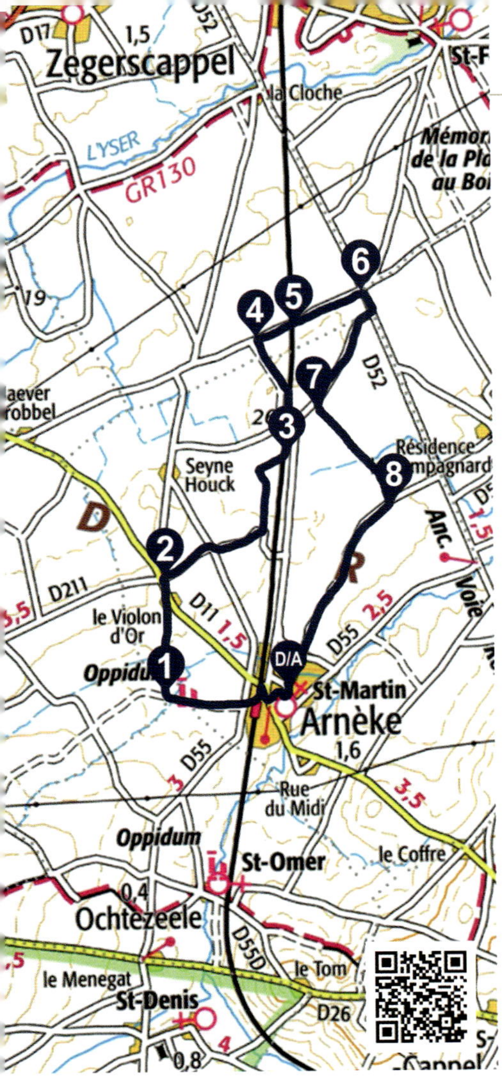

baïonnette droite gauche, emprunter la route de la Seyne.

Traverser les habitations puis partir à gauche direction nord. Traverser le ruisseau Trommels Becque. Au carrefour suivant, obliquer à droite, chemin dit Paede de Weg. Rejoindre la voie de chemin de fer.

3. La suivre par la gauche. Au passage à niveau, continuer toujours tout droit. S'en éloigner pour parvenir au carrefour de la rue du 5 Septembre 1944.

4. Emprunter la rue à droite pour rejoindre à nouveau un passage à niveau.

5. Le traverser, poursuivre en face pour rejoindre la D52, la longer à droite. Rester à droite de la chaussée pour atteindre la rue d'Esquel Becq.

6. S'engager à droite et la conserver jusqu'au carrefour en T avec un chemin.

7. Quitter la rue d'Esquel Becq et partir à gauche dans le chemin avec la maison en visuel au fond. Passer devant la maison et continuer le chemin en herbe. Parvenir sur la rue de Ledringhem.

8. La suivre à droite, rejoindre le parking de l'église d'Arnèke (**D/A**) avec une belle vue sur Cassel et le Mont des Récollets sur la gauche.

POINTS DE PASSAGE

D/A : km 0 - alt. 22 m - Parking de l'église d'Arnèke
1. km 1.36 - alt. 23 m - Chemin d'Aire
2. km 2.4 - alt. 28 m - Violon d'Or
3. km 4.33 - alt. 21 m - Voie de chemin de fer
4. km 5.46 - alt. 21 m - Rue du 5 Septembre 1944
5. km 5.8 - alt. 22 m - Passage à niveau
6. km 6.7 - alt. 22 m - Rue d'Esquel Becq
7. km 7.68 - alt. 24 m - Carrefour chemin
8. km 8.82 - alt. 21 m - Rue de Ledringhem
D/A : km 10.78 - alt. 22 m - Parking de l'église d'Arnèke

02 CAMBIER ARTISAN BRASSEUR

La brasserie Cambier est une brasserie urbaine de bières artisanales située à Croix, à proximité de Lille, dans le Nord. Elle a pour vocation de réintroduire la fabrication de la bière au plus près des consommateurs. La brasserie a la particularité d'être ouverte au public : elle dispose d'un espace d'accueil avec bar qui en fait un lieu de partage et de convivialité. Elle propose une large gamme de bières, invitant les consommateurs à la découverte des saveurs brassicoles du monde d'hier et d'aujourd'hui. Les visites de la brasserie permettent de faire découvrir au plus grand nombre les différents types de bières ainsi que la manière de les fabriquer et de les déguster, ce que l'on appelle la « zythologie ».

INFOS PRATIQUES

Mer - ven 16h - 22h
Samedi 10h - 20h

CONTACT

Brasserie Cambier
Parc d'activités de la gare
Bâtiment M
2 rue Jean Monnet
59170 Croix
contact@brasserie-cambier.fr
Tél. : 07 72 37 56 14
www.brasserie-cambier

UNE BIÈRE APRÈS LA RANDO ?

Mongy Session I.P.A

ALC | AMER LÉGER | BLONDE | FRUITÉE

Bière blonde légère et aromatique. L'ajout de malt d'avoine lui donne du corps malgré son faible degré d'alcool. Son nez développe des notes très fruitées.

QUE FAUT-IL RAMENER DE LA BRASSERIE ?

… À votre pote puriste **qui n'aime que les bières belges** - *Mongy Triple* - 8% ALC - Voici donc une bière forte blonde légèrement cuivrée, puissante et aromatique. Elle développe des notes épicées, une amertume légère, le tout en longueur et en rondeur comme le veut la tradition.

CIRCUIT LOOS PAR WATTIGNIES ET EMMERIN

Source : Kirchenlicht-Visorando

À deux pas de Lille, découvrez une balade sans difficulté dans la campagne encore préservée en passant au milieu des champs captants d'Emmerin.

DESCRIPTION DE LA RANDONNÉE

Se garer devant l'entrée du Parc de Loisirs et de Nature de Loos. Il vaut mieux se garer sur le parking extérieur devant le parc et non à l'intérieur de celui-ci. S'il est complet, il est aussi possible d'utiliser celui du cimetière rue Gustave Delory à 250 m au Nord et de venir à pied jusqu'au point de départ.

FICHE TECHNIQUE

- N 50.601683° / E 3.022235°
- 2 h 30
- 40 m
- 8,46 km
- Facile
- 21 m
- 2504E

D/A : Prendre la direction sud par le chemin de Flesquières. L'asphalte cède vite la place à un chemin de terre emprunté par les engins agricoles. Suivre ce chemin pendant 1 km et passer au pied du relais hertzien où on retrouve l'asphalte (rue Jacquet). Continuer encore 150 m.

1. Tourner à droite. Suivre la rue Hoche jusqu'au bout.

2. Traverser la D145d et emprunter en face le large chemin sur le bord duquel se dresse le monument aux Secouristes. Suivre ce chemin jusqu'à la rue Danton à droite et l'emprunter.

Traverser la D952 (prudence car très fréquentée et les véhicules arrivent vite malgré la limitation à 50 km/h) et poursuivre sur la route en face qui fait un coude à gauche, 250 m plus loin. 80 m après le coude à gauche, emprunter le chemin en face en passant une barrière.

INFOS PRATIQUES

En cas de pluies récentes, le chemin de départ peut être très boueux, d'autant que celui-ci est fréquenté par des engins agricoles.

3. Environ 300 m après la barrière, tourner à droite, dans l'allée (chemin de la Carperie). Suivre les détours de ce chemin jusqu'au deuxième croisement.

4. Tourner à droite à l'angle d'un pré, au niveau de la station de pompage. Suivre cette allée sous les arbres et passer la barrière qui la clôture. 100 mètres plus loin, traverser la route et emprunter en face le chemin de terre. Suivre ce chemin agricole sur 170 mètres et tourner à droite à la première bifurcation.

5. 230 m plus loin, emprunter à gauche le sentier qui mène au milieu des champs vers Emmerin. À la fin du chemin, suivre la rue au milieu du lotissement pour emprunter à droite au fond du petit parking l'allée des Grives.

Tourner à gauche dans le premier sentier étroit bordé, d'un côté, d'un jardin potager et de l'autre d'un mur. Au débouché du sentier, traverser la rue à droite pour trouver l'entrée du chemin de Ghermanez derrière le calvaire.

6. Virer à gauche et suivre ce sentier jusqu'au bout. À la fin du chemin, tourner à droite dans la rue Gustave Delory. Poursuivre sur 1 km environ, traverser la D952 et entrer dans Loos. Passer devant le lycée professionnel Gustave Duhamel,

7. Au feu tricolore, tourner à droite, rue de Geseke qui rejoint la rue de la Basse Marlière que l'on suit à droite jusqu'à l'entrée du Parc de Loisirs et de Nature.

8. Arriver à l'entrée du Parc de Loisirs et de Nature. Traverser-le Parc comme pour ressortir par l'entrée parking et retrouver votre point de départ (D/A).

À PROXIMITÉ

D/A Parc de Loisirs et de Nature de Loos

2. Monument aux Secouristes fusillés à Fléquière par les Allemands lors de leur retraite le 3 septembre 1944.

POINTS DE PASSAGE

D/A : km 0 - alt. 39 m - Parking devant le Parc
1. km 1.36 - alt. 34 m - À droite, rue Hoche
2. km 2.13 - alt. 27 m - Monument aux Secouristes
3. km 3.53 - alt. 20 m - Chemin de la Carperie
4. km 4.45 - À droite à la station de pompage
5. km 5.21 - Début du sentier vers Emmerin
6. km 5.95 - Calvaire, chemin de Ghermanez
7. km 7.92 - À droite au deuxième feu tricolore
8. km 7.89 - alt. 37 m - Entrée du parc de loisirs et de nature
D/A : km 8.6 - alt. 39 m - Parking devant le Parc

03 spore

BRASSERIE ARTISANALE & TAPROOM

Simon, Flora et Fred, trois passionnés de bières, se sont rencontrés autour d'un projet commun : créer une brasserie artisanale et coopérative. Une gamme permanente de 7 bières y est brassée et de nouvelles recettes plus créatives les unes que les autres : fruitée, acide, fumée, épicée, il y en a pour tous les goûts ! Ce sont aussi des bières bio et locales, avec plus de 80% des matières premières produites à moins de 200 km de la brasserie. C'est également un lieu de vie convivial et culturel avec sa Taproom : un bar où l'on peut déguster les bières produites sur place et consommer des produits locaux ainsi qu'une salle pluridisciplinaire avec une programmation de concerts éclectiques et des événements festifs et joyeux tout au long de l'année !

CONTACT

Brasserie Spore
13 rue de la mairie
27930 Gravigny
hello@brasserie-spore.com
Tél. : 02 32 62 09 51
brasserie-spore.com

INFOS PRATIQUES

Jeu à sam 16h - minuit

Vincent Connetable

UNE BIÈRE APRÈS LA RANDO ?
BRUMA

5,5 %			
ALC	SÈCHE AMÈRE	BLANCHE	FRUITÉE

Bière blanche de tradition allemande se retrouve bien céréalière comme on aime, les esters résultants des levures apportent leurs arômes de banane et de girofle.

QUE FAUT-IL ABSOLUMENT RAMENER DE LA BRASSERIE ?

Un carton mixé de bières éphémères. En effet, la brasserie Spore cultive sa créativité en sortant régulièrement des "one shot" en fonction de l'envie et de l'humeur.

L'ITON, LA VOIE VERTE ET LES ÉCHELETTES À ÉVREUX

Source : grandin - Visorando

Découvrez la petite cité normande d'Évreux au fil de sa rivière, l'Iton, joliment mise en valeur dans le centre-ville. La promenade vous emmène ensuite sur les hauteurs et offre de beaux panoramas sur la ville et la vallée.

FICHE TECHNIQUE

N 49.029557° / E 1.152561°

2 h 50

135 m

9,20 km

Facile

71 m

1913SB
2013O

DESCRIPTION DE LA RANDONNÉE

Se garer sur le parking de la place Dupont de l'Eure à Évreux.

D/A : Dos au parking, partir à gauche, descendre la rue Édouard Efray. Virer à gauche rue Saint-Louis puis à droite au carrefour suivant. Arriver place du Général de Gaulle qui est la place de la mairie. Emprunter, sur la droite, une passerelle. Traverser l'Iton puis tourner à gauche pour longer la rivière. Traverser la rue de l'Horloge.

1. Ignorer la passerelle à gauche. Plus loin, traverser la rue de Grenoble, rivière à main gauche.

2. Rue Charles Corbeau, tourner à gauche pour franchir la rivière et visiter la cathédrale Notre-Dame d'Évreux. Après la visite, retraverser l'Iton et continuer sur la gauche. Peu après, traverser de nouveau la rivière et suivre la rue de la Harpe à gauche.

Place du Général de Gaulle, Évreux © Patrick

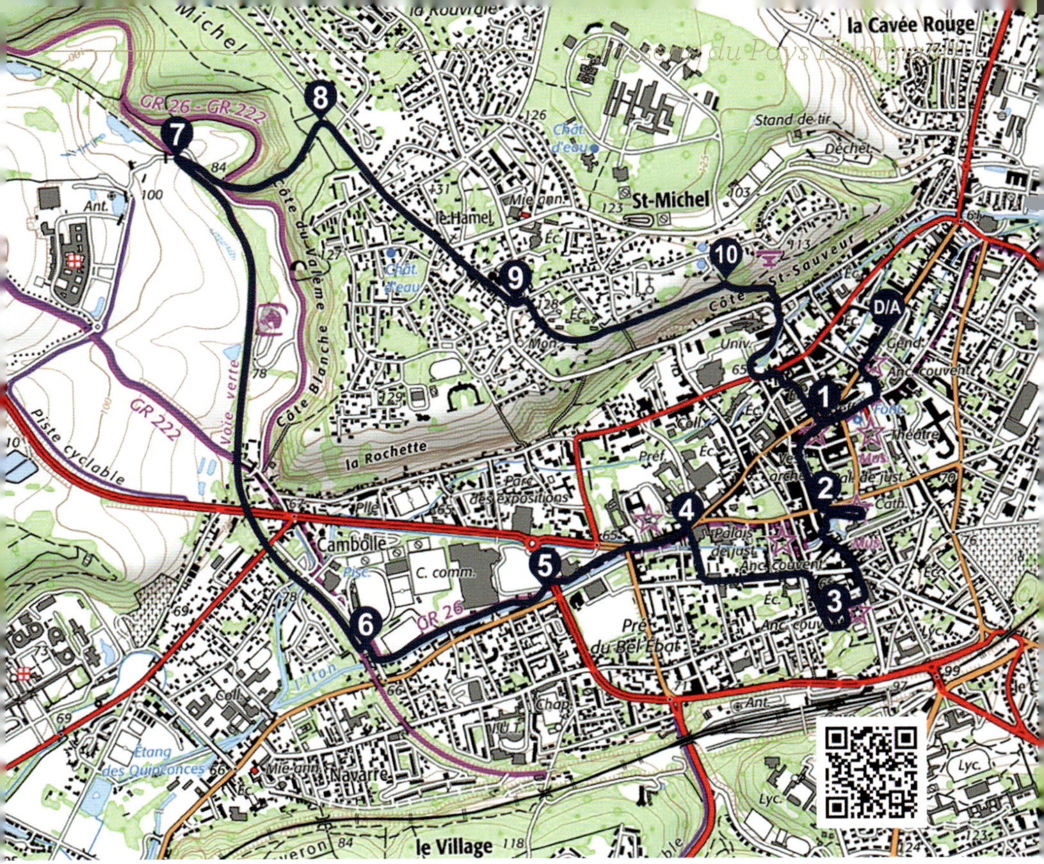

Au carrefour, poursuivre tout droit, rue Jean-Jaurès. Arriver à l'ancien cloître des Capucins. Entrer dans le Parc François Mitterrand, longer le bâtiment par la droite puis, dans le parc, prendre direction sud-ouest, vers la grande serre.

3. À droite de la serre sortir du parc, suivre la rue Guy de Maupassant et arriver rue de Panette. Poursuivre tout droit rue du Jardin Botanique puis virer à gauche rue Victor Hugo. Plus loin, prendre à droite, rue du Président Huet et franchir l'Iton.

4. À l'intersection suivante, tourner à gauche rue Joséphine. Poursuivre jusqu'au carrefour, boulevard de la Buffardière et avenue du Maréchal Foch. L'Iton à gauche, traverser le carrefour sans prendre le pont, emprunter un chemin qui longe la rivière à main gauche.

5. Plus loin, traverser le boulevard de Normandie et continuer. Poursuivre le long de l'Iton jusqu'à arriver au niveau des équipements sportifs, au sortir de la ville. Alors, traverser la rue Jean Bouin et tourner à droite.

6. Peu après, emprunter un escalier qui monte à gauche sur une ancienne voie ferrée transformée en voie verte. La suivre à

Cathédrale Notre-Dame d'Évreux © Laurent Rosty

droite sur environ 1,8 km. Déboucher sur une petite route qui mène au golf et à l'hôpital.

7. Quitter la voie verte et virer à droite en sifflet sur la route. Peu après, à une intersection avec un chemin venant de la gauche, emprunter un sentier qui monte sur le talus, à gauche de la route (balisage bleu ; ce sentier ne figure pas sur la carte OSM de ce descriptif). À l'intersection suivante avec un autre chemin, continuer tout droit jusqu'à atteindre la rue du Neubourg.

8. Poursuivre à droite sur cette rue jusqu'à la place Aimé Doucerain.

9. Obliquer à gauche, rue Saint-Michel, sur quelques mètres. Tourner à droite, rue de la Corniche les Pipos. Au bout de la rue, poursuivre sur le sentier. Ignorer l'Échelette Tordue (escalier) qui descend à droite et la rue à gauche. Poursuivre sur le sentier, en hauteur, jusqu'à une intersection avec un autre sentier, l'Échelette Saint-Pierre.

10. Descendre par l'escalier à droite. À la fourche, continuer à descendre par l'escalier à droite. Arriver sur le boulevard du Jardin l'Évêque.

Faire quelques mètres à droite puis emprunter la rue des Lombards à gauche. Ne pas traverser l'Iton mais entrer, à droite, sur le site de l'université pour emprunter un sentier qui longe la rivière à main gauche.

Face au parking du cinéma, tourner à gauche. Au rond-point, tourner à gauche rue Isambard, puis à droite rue Jean Gilles, à gauche rue Saint Thomas, puis à droite rue de la Vieille Gabelle. Continuer toujours tout droit et retrouver le bord de l'Iton.

1. Traverser sur la passerelle puis tourner à gauche. Passer sous le beffroi, retrouver la place du Général de Gaulle. Revenir au parking de la place Dupont de l'Eure (D/A) par le même chemin qu'à l'aller.

POINTS DE PASSAGE

D/A : km 0 - alt. 64 m - Place Dupont de l'Eure
1. km 0.52 - alt. 67 m - Passerelle
2. km 0.84 - alt. 67 m - À gauche vers la cathédrale
3. km 1.68 - alt. 77 m - Sortie du parc à droite
4. km 2.43 - alt. 67 m - À gauche rue Joséphine
5. km 2.95 - alt. 68 m - Traversée du boulevard de Normandie
6. km 3.65 - alt. 70 m - Escalier à gauche
7. km 5.51 - alt. 93 m - Route à droite
8. km 6.13 - alt. 133 m - À droite rue du Neubourg
9. km 6.99 - alt. 128 m - À gauche rue Saint-Michel puis à droite
10. km 7.79 - alt. 110 m - Escalier à droite
D/A : km 9.2 - alt. 64 m - Place Dupont de l'Eure

Fleuve de l'Iton traversant Évreux
© Normandie Tourisme

04

Ancien communicant, Thierry Roche a décidé de faire d'une bière brassée dans sa cuisine, une brasserie en plein Paris ; à la Goutte d'Or ! Et c'est au cœur de ce quartier que la brasserie a vu le jour en 2012. C'est un point d'ancrage qui n'est pas anodin. Au confluent des épices et des cultures, la brasserie de la Goutte d'Or est une cartographie de Paris, dans son multiculturalisme culinaire et géographique.

INFOS PRATIQUES

Horaires salle de dégustation et vente à emporter :
Du mercredi au dimanche 17h - 23h
Soirées-concerts ou événement : 17h - minuit

CONTACT

Brasserie La Goutte d'Or
28, rue de la goutte d'or
75018 PARIS
contact@brasserielagouttedor.com
Tél. : 09 80 64 23 51
brasserielagouttedor.com

UNE BIÈRE APRÈS LA RANDO ?

La chapelle, Bière de blé au Chaï

5,0 %
ALC

AMER LÉGER

BLANCHE

ÉPICÉE

La rue Louis Blanc s'ouvre devant vous. Le parfum des épices qui vous entoure vous ramène dans ce wagon où les paysages défilent au ralenti : rizières, canaux, palmeraies… Séquence rythmée par le Chai que vous savourez doucement. Était-ce à Cochin ou métro La Chapelle ? Une bière citronnée et épicée, marquée par l'acidité provenant des malts de blé ainsi que par le goût de levure. Une bière originale et rafraîchissante qui vous séduira par sa rondeur et sa complexité

QUE FAUT-IL ABSOLUMENT RAMENER DE LA BRASSERIE ?

… À votre **pote qui veut voyager en restant à Paris** - Outre les bières de la brasserie qui sont de très grande qualité, il faut à goûter toutes les collaborations de la brasserie avec des brasseries étrangères ou françaises. Véritable spécialiste du genre, la Goutte d'Or vous fait voyager à travers ses rencontres brassicoles.

LA VILLETTE, LA CHAPELLE ET LES PASSAGES DU 18^{e}

Source : Etienne VERRIER-Visorando

Un parcours à travers les quartiers à l'urbanisme renouvelé des 18e et 19e arrondissements de Paris. Les jardins d'Éole et Rosa Luxembourg apportent une belle touche de verdure. En fin de randonnée, les ruelles et passages font oublier les grands axes de circulation.

FICHE TECHNIQUE

- D : N 48.897367° / E 2.385769°
- A : N 48.89753° / E 2.344907°
- 2h00
- 64 m
- 6,78 km
- Facile
- 13 m
- 2314OT

DESCRIPTION DE LA RANDONNÉE

Accès : Porte de la Villette.
- Métro : ligne 7. Emprunter la sortie n°1 Avenue Corentin Cariou.
- Tram : ligne T3b. La station est très proche de la sortie de métro n°1.

D : Au sortir de la bouche de métro, aller vers la gauche puis traverser à droite. Au feu, suivre l'avenue Corentin Cariou et les voies de tram.

Suivre l'avenue sur la gauche. Emprunter le pont sur le canal Saint-Denis puis franchir à nouveau les voies de tram. Obliquer ensuite à droite, la rue de Cambrai. Longer à main droite les grands bâtiments de l'espace Pont de Flandre.

Passer sous le pont de l'ancienne ligne de Petite Ceinure (attention, trottoir étroit). Virer ensuite à droite, traverser une place et suivre la rue Curial (bâtiment « TLM » sur le trottoir de droite). Avant que la rue ne vire à gauche, s'engager à gauche dans la rue Bernard Tétu et longer le jardin Curial à main droite.

Au bout, tourner à droite, rue Colette Magny. Au bout, effectuer un gauche-droite pour suivre la rue Henri Verneuil (voie piétonne) et déboucher face à la gare RER Rosa Parks.

1. Tourner alors à gauche, rue Gaston Tessier (façades colorées côté droit). Au feu, traverser la rue de Crimée et continuer en face rue d'Aubervilliers.

Prendre ensuite la 1ère à gauche, rue de l'Ourcq. Au feu, prendre la 1ère à droite, rue Curial. Aller tout droit et croiser côté droit la rue Raymond Radiguet et continuer sur une vingtaine de mètres.

2. S'engager alors à gauche dans le passage Desgrais. Virer ensuite à droite avec la ruelle. Au bout, effectuer un gauche-droite et suivre la rue Archereau. Passer au pied des hautes tours des Orgues de Flandre et Prélude. Au carrefour, prendre la 2e à droite, la rue Riquet. Au croisement suivant, traverser la rue d'Aubervilliers.

3. Pénétrer alors à gauche dans les Jardins d'Éole. Aller tout de suite à droite vers le kiosque d'accueil et gravir successivement trois petits escaliers.

En haut du 3e escalier, virer à gauche dans un petit chemin cimenté. Au bout, prolonger sur un sentier au milieu d'une pelouse. Peu après, deux chemins cimentés se présentent : choisir celui de droite, le plus large.

Longer un terrain de sport à distance, à main droite, puis obliquer à droite, toujours sur un chemin cimenté. Virer ensuite à droite, ignorer un escalier sur la gauche, laisser un bâtiment à main droite et traverser en biais vers la gauche une esplanade de bois.

Suivre ensuite une longue passerelle qui surplombe une vaste pelouse sur la gauche et les voies ferrées de la gare de l'Est sur la droite. Au bout, quitter le jardin.

4. Tourner alors à droite, rue du Département, et emprunter le pont qui enjambe les voies ferrées. À la fourche qui suit, obliquer à gauche dans la rue Jacques Kablé. Au croisement suivant, prendre à droite, rue Philippe de Girard.

À la fourche, obliquer à droite rue Pajol. Au croisement suivant, continuer tout droit dans la même rue. Après une centaine de mètres, s'écarter à droite pour parcourir l'esplanade.

À hauteur du n°12, s'engager à droite sous un porche et entrer dans les jardins Rosa Luxembourg. Descendre l'escalier sur la gauche, aller tout droit et traverser l'espace couvert. Prolonger sur un chemin cimenté en montée jusqu'à la sortie des jardins.

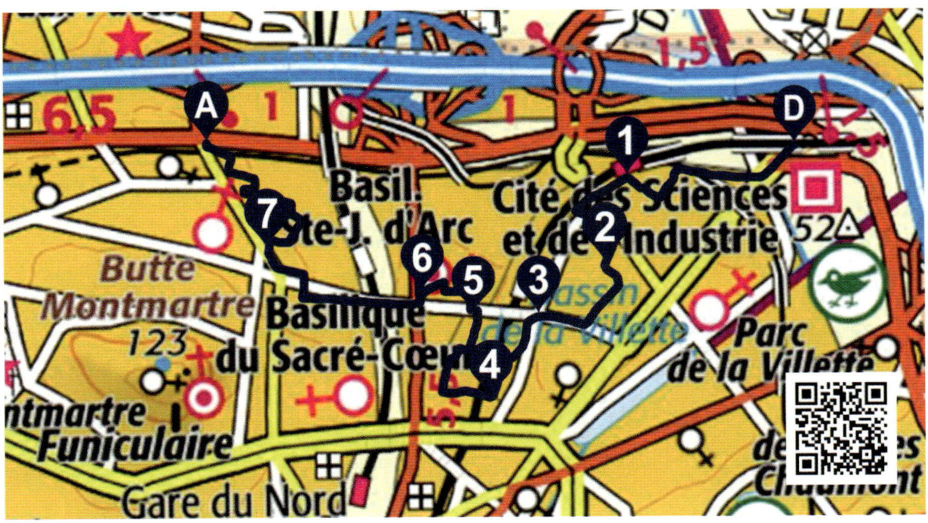

5. Prendre la rue Riquet à gauche puis la rue Pajol à droite. Tourner dans la 1ère à gauche, la rue de la Guadeloupe, et la suivre jusqu'à son terme (halle côté droit). Prendre alors à droite la rue de l'Olive. À la place, tourner à gauche dans la rue de Torcy. Au bout, traverser au feu la rue de la Chapelle.

6. Suivre à droite la rue de la Chapelle jusqu'au n°17 (courette privée à gauche et point de vue à droite sur la Basilique Sainte-Jeanne d'Arc). Revenir sur ses pas.

6. Continuer rue de la Chapelle et au feu qui suit, prendre à droite la rue Ordener. Emprunter le pont qui enjambe les voies ferrées de la gare du Nord.

Traverser la rue Stephenson côté gauche et, au feu suivant, obliquer à gauche, traverser la place Louis Baillot et suivre la rue Marcadet. Aller tout droit en ignorant deux croisements. Au carrefour, prendre à droite, rue des Poissonniers. Traverser la rue Ordener et, après quelques mètres, tourner à gauche rue des Portes Blanches. Au bout, traverser la rue Boinod et obliquer à droite boulevard d'Ornano.

7. Prendre la 1ère à droite, la rue de Clignancourt et encore la 1ère à droite, rue du Nord. Au croisement suivant, tourner à gauche, rue Boinod. Traverser la rue du Simplon puis prendre la 1ère à gauche, rue Hermann Lachapelle. Contourner la piscine des Amiraux par la gauche.

Basilique du Sacré-Cœur © Antonio Ponte

Au croisement en T, suivre à gauche la rue des Amiraux. Traverser ensuite la rue de Clignancourt et continuer dans le passage Kracher. Traverser la rue Neuve de la Charbonnière et continuer rue du Roi d'Alger.

Prendre la 1ère à droite, le passage du Roi d'Alger puis, encore à droite, le passage Championnet. Au bout, suivre à gauche la rue Neuve de la Charbonnière.

Traverser la rue Championnet et s'engager en face dans le passage Duhesme. Virer à gauche avec la ruelle. À la fourche, continuer tout droit puis tourner à droite rue du Mont Cenis. Prendre la 1ère à gauche, le Passage du Mont Cenis.

Au bout, obliquer à droite et trouver immédiatement l'accès à la station de métro Porte de Clignancourt (**A**).

POUR REGAGNER SES PÉNATES

- Métro : ligne 4.

INFOS PRATIQUES

Toilettes et points d'eau dans les jardins publics (figurés sur le plan). Bars, restaurants et commerces sur le trajet.

Horaires des espaces publics :

Jardins d'Éole
- Ouverture : 7h en semaine, 8h le samedi, le dimanche et les jours fériés.
- Fermeture : 17 h 45 jusqu'à 21 h 30 selon la saison.

Jardins Rosa Luxembourg
- Ouverture : 08h en semaine, 09h le samedi, le dimanche et les jours fériés.
- Fermeture : 17h jusqu'à 20 h 30 selon la saison.

À PROXIMITÉ

- Le Canal Saint-Denis, peu après D..

- L'architecture verticale des Orgues de Flandre, après 2..

- Les Jardins d'Éole, entre 3. et 4..
- Les Jardins Rosa Luxembourg, en partie couverts, avant 5..

- Basilique Sainte-Jeanne d'Arc 6., érigée en 1930 suite à un voeu prononcé par l'Archevêque de Paris lors de la bataille de la Marne, début septembre 1914.

- Piscine des Amiraux (1930), après 7..
- Passages étroits aux abords de la Porte de Clignancourt, avant (A).

POINTS DE PASSAGE

D : km 0 - alt. 51m - Porte de la Villette
1. km 1.12 - alt. 48m - Gare Rosa Parks
2. km 1.86 - Rue Curial x Passage Desgrais
3. km 2.56 - alt. 51m - Jardins d'Éole - Entrée
4. km 3.08 - alt. 52m - Jardins d'Éole - Sortie
5. km 3.88 - Jardins Rosa Luxembourg - Sortie
6. km 4.33 - alt. 60m - Rue de la Chapelle
7. km 5.57 - Boulevard d'Ornano
A : km 6.78 - alt. 56m - Porte de Clignancourt

05 {E} BRASSERIE DE L'ÊTRE

Pour l'équipe de la Brasserie de l'Être, s'implanter à Paris relève autant d'un amour profond pour la ville que du désir de ressusciter les tissus industriels et conviviaux de la capitale. Artisans passionnés et fiers Parisiens, leur idée de la bière - un art de vivre et des connaissances à partager - sera pour eux l'occasion de défendre les valeurs de la capitale : la diversité, la culture, la convivialité et la joie de vivre. Le produit proposé est une bière consciente, respectueuse des palais et de l'environnement. La Brasserie de l'Être est labélisée « Nature et Progrès ».

INFOS PRATIQUES

Lun à ven : 9h - 17h

CONTACT

Brasserie de l'Être
7 ter rue Duvergier
75019 Paris
contact@brasseriedeletre.paris
Tél. : 01 40 16 56 62
brasseriedeletre.paris

UNE BIÈRE APRÈS LA RANDO ?

Sphinx, Saison au Blé

4,5 %

ALC

AMER LÉGER

BLONDE

HERBACÉE

Un nom des sables, de vents brûlants, d'énigmes légendaires, un nom idéal pour une bière légère, à la douce amertume, fille des expériences érudites d'un mystérieux EDMOND EPSILON. À quoi rêvait-il dont le sphinx serait la solution ?

QUE FAUT-IL ABSOLUMENT RAMENER DE LA BRASSERIE ?

… À votre pote **qui se bat pour faire valoir ses droits** - *Soeur de la côte* - bière rousse à l'hibiscus et à la poudre de canon- 4,5% ALC - *Mea fluores menstruos ad fruendum.* « Ce sont mes eaux, moussaillon. Tu t'y aventures à tes risques et périls. Tu penses que le thé Gunpowder seul associe la poudre de canon à ma bière ? Berce-toi d'illusions. Tu penses qu'il n'y a que l'hisbiscus pour lui donner sa couleur rouge sang ? Je te l'ai dit, moussaillon : ce sont mes eaux. Et dans mes eaux, ce sont mes règles. »

SUR LES HAUTS DE PARIS : BUTTES CHAUMONT, BUTTE BERGEYRE, BELLEVILLE

Source : Etienne VERRIER-Viscrando

Cette randonnée fait partie intégrante du circuit de la Basilique de Saint-Denis à Notre-Dame de Paris.

La troisième étape de ce périple urbain traverse les quartiers nord-est de Paris, dont le très animé quartier de Belleville. On tournicote dans le parc des Buttes Chaumont puis on gravit la discrète Butte Bergeyre qui offre un point de vue original sur Montmartre. On passe ensuite par le belvédère de la rue Piat d'où le panorama est très étendu. Quelques touches de patrimoine urbain et de street art ainsi qu'un cheminement le long du Canal Saint-Martin complètent le tableau.

DESCRIPTION DE LA RANDONNÉE

Accès : Station porte de Pantin.
- Métro : ligne 5 (tracé sur la carte). Emprunter la sortie 2 Sente des Dorées.
- Tram : ligne T3b. Suivre l'avenue Jean-Jaurès vers le centre de Paris et rejoindre l'itinéraire à l'église Sainte-Claire d'Assise.

Par endroits, on croise un GRP®. Dans la description qui suit, ce balisage n'est mentionné qu'en cas de besoin.

D : À la sortie du métro, suivre l'avenue Jean-Jaurès et traverser la Sente des Dorées. Juste avant l'église Sainte-Claire d'Assise (grande croix métallique), virer à

FICHE TECHNIQUE

N 48.888586° / E 2.392733°

2h30	95 m
7,89 km	Facile
79 m	2314OT

droite et emprunter l'allée Arthur Honegger (balisage rouge et jaune). Traverser la Sente des Dorées puis la rue Petit. Prolonger dans l'allée Darius Milhaud (piétonne).

À l'angle d'un bureau de poste côté gauche, traverser la rue Goubet et, au croisement suivant, traverser la rue d'Hautpoul. Arrivé place Francis Poulenc, obliquer à gauche et monter une série de petits escaliers.

En haut, virer à droite pour traverser la rue de Crimée et repiquer à gauche pour traverser la rue Manin (feux tricolores).

1. Entrer alors dans le parc des Buttes Chaumont. Au carrefour qui se présente immédiatement (plan), prendre le deuxième chemin à droite : c'est le plus étroit de tous, il n'est pas figuré sur la carte et laisse rapidement place à un escalier.

Atteindre un point de vue sur le lac. À la fourche qui suit, descendre par le chemin de droite. Traverser une allée plus large

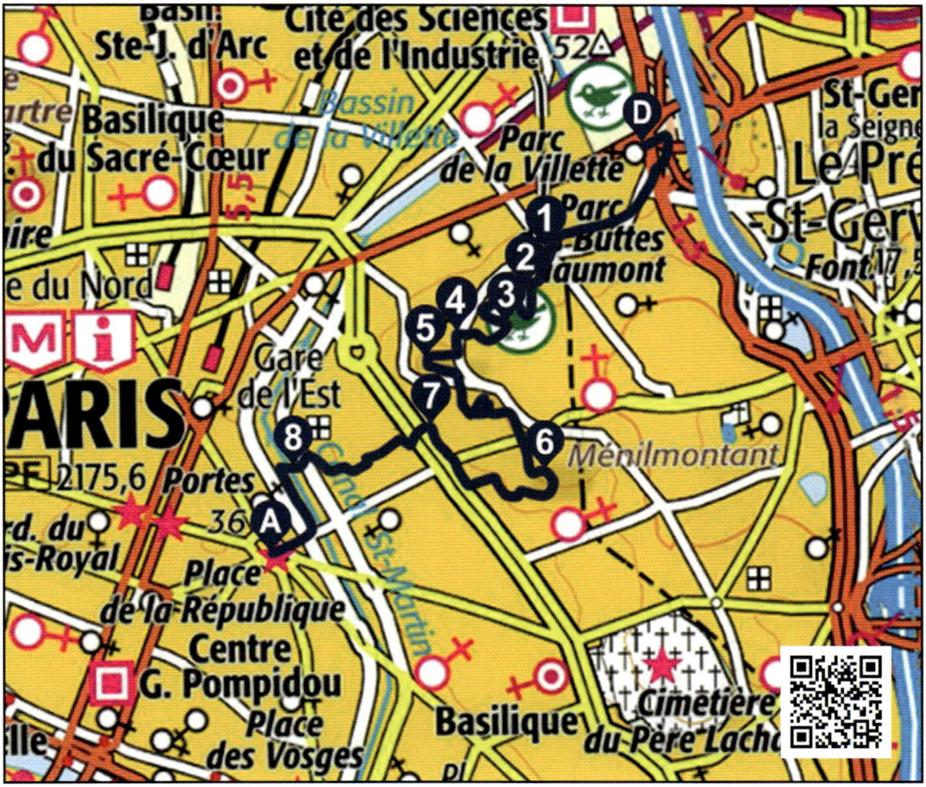

et prendre en face un chemin qui part en biais à droite. Descendre en effectuant un arc-de-cercle vers la gauche.

Arriver au bord du lac, longer celui-ci à main droite. Franchir un torrent artificiel et, à la fourche qui suit (arbre isolé sur la droite), prendre le chemin de gauche.

Au croisement qui se présente immédiatement (escalier en face), tourner à droite. Ignorer tout de suite un chemin qui redescend vers le lac et continuer tout droit jusqu'à pénétrer dans la « grotte ».
Revenir sur ses pas. Au croisement emprunté à l'aller, ignorer l'escalier montant sur la droite et continuer en face. Arriver en bordure du torrent artificiel, repiquer à droite (ne pas franchir le torrent). Sous un couvert arboré, monter sur un chemin entrecoupé de quelques marches et qui se termine par un escalier.

En haut (croisement en T), tourner à droite (cascade artificielle sur la gauche). À la fourche qui suit, choisir le chemin de droite qui, à peu près à plat, se dirige vers un pont (beaux cèdres sur la gauche). Emprunter le pont et prendre pied sur l'Île du Belvédère. À la fourche au sortir du pont, prendre le chemin de droite et, à la fourche tout de suite après, le chemin de gauche. Ignorer un départ sur la gauche et atteindre le sommet de la butte avec son kiosque (pseudo-temple).

2. Revenir sur ses pas. Juste avant le pont emprunté à l'aller, virer à droite à angle aigu en descente. Emprunter la passerelle suspendue qui enjambe le lac ainsi que sa route circulaire.

Après la passerelle, tourner à gauche et laisser le Pavillon du Lac à main droite. À un croisement avec de plus petits chemins, continuer sur la large avenue Alphand.

Au carrefour suivant (point d'eau en face côté gauche, chemin vers une sortie à droite), s'engager à gauche dans un petit chemin et passer au pied d'une cascade artificielle côté droit.
Au croisement suivant (séquoia en face côté gauche), continuer tout droit et monter sensiblement. En haut, faire quelques pas à gauche sur la large avenue des Marnes.

3. Prendre tout de suite à droite un chemin plus étroit en direction du kiosque à musique (écriteau ; ne pas prendre, à droite aussi, la large avenue Jacques de Linières). Monter doucement, ignorer un vague départ sur la droite puis un escalier descendant sur la gauche et atteindre le sommet d'une butte (point de vue au Nord-Est sur le parc de la Villette et les grands moulins de Pantin).

Continuer en face sur un étroit chemin en descente. À une fourche située après une courbe sur la droite, aller à gauche en descendant vers un réverbère. En bas, prendre à gauche une large allée (avenue Darcel sur la carte).

Peu avant un pont, au pied d'un réverbère porteur d'une croix rouge et jaune, descendre à droite un escalier au milieu de faux rochers. En bas, aller tout droit et sortir du parc.

4. Traverser alors la rue Manin au feu et la suivre à gauche en longeant l'institut d'ophtalmologie à main droite. À l'angle du n°21, s'engager à droite sous un porche et gravir les 80 marches de l'escalier qui mène à la Butte Bergeyre.

En haut, continuer tout droit dans la rue Philippe Hecht. Au bout, suivre à gauche la rue Georges Lardennois et aboutir à un point de vue (vigne clôturée et jardin participatif sur la droite).

Dos au point de vue, s'engager en face dans la rue Rémy de Gourmont. À la fourche qui se présente rapidement, obliquer à droite dans la rue Edgard Poë. Au bout, prendre à droite dans la rue Barrelet de Ricou. À l'angle de la rue Georges Lardennois, aller tout droit et descendre un raide escalier (64 marches).

En bas, traverser l'avenue Simon Blivar au feu, descendre un autre escalier et suivre la rue Lauzin (fresque murale côté droit). Au bout, prendre à gauche la rue Rebéval. Effectuer deux allers-retours à gauche, dans la Cité Jandelle (petits immeubles, maisons) puis dans le passage Gauthier (jolie maison au n°4 et courette privée au n°3).

Continuer rue Rébeval et au carrefour, suivre en face la rue de l'Équerre (balise rouge et jaune). Au pied d'un escalier qui remonte vers l'avenue Bolivar, tourner à droite en équerre (d'où le nom de la rue). Au croisement suivant, obliquer à gauche.

Traverser la rue de Belleville et suivre en face la rue Piat. À la hauteur du n°46, entrer à droite dans le parc de Belleville.

À un carrefour (sur la droite, escalier et vue sur la Tour Eiffel), prendre le chemin le plus à gauche. Ignorer les escaliers sur la droite et revenir rue Piat. Gagner alors sur la droite le belvédère situé sur le toit de la Maison de l'Air (superbe panorama).

6. Poursuivre parallèlement à la rue Piat et pénétrer à nouveau dans le parc de Belleville par la première entrée sur la droite, soit par un escalier, soit par une rampe. Descendre ensuite la série d'escaliers couverts par une tonnelle de couleur verte. Au bout de la tonnelle, croiser un petit chemin cimenté et continuer tout droit. Au rond-point suivant, obliquer à droite et laisser un kiosque d'accueil à main gauche.

Quitter le parc de Belleville, traverser la rue Julien Lacroix et entrer dans le jardin de Pali-Kao. Traverser ce jardin en biais sur la droite et dépasser des tables de ping-pong. Avant une aire de jeux avec

Rue Rémy de Gourmont © Etienne Verrier

Brasserie de l'Être

toboggan, virer à gauche et descendre vers une pièce d'eau. Contourner la pièce d'eau, sortir du jardin et contourner par la droite une aire fleurie pour déboucher au croisement de la rue de Pali-Kao et de la rue Bisson.

Traverser la place Alphonse Allais en biais sur la droite. Au bout, tourner à droite dans la rue de Tourtille. Traverser la rue Bisson et, au croisement suivant, tourner à gauche dans la rue Ramponeau. Peu avant un feu tricolore, tourner à droite dans la rue Dénoyez.

Parcourir cette rue abondamment taguée et, au bout, traverser la rue de Belleville au passage piéton. Tourner à gauche et, après quelques mètres, tourner à droite, traverser la place du Général Ingold et passer sous un porche d'immeuble.

Obliquer à gauche dans une allée bordée d'arbres, longer à main gauche la place Jean Rostand et prolonger dans la rue Hector Guimard puis la place Marcel Achard.

7. Au bout, tourner à gauche dans la rue Rébeval (encore elle) et la suivre jusqu'au boulevard de la Villette (feu tricolore). Traverser le boulevard en deux temps et poursuivre rue du Buisson Saint-Louis. Après avoir croisé la rue Civiale sur la gauche, tourner à droite dans la rue du Chalet. Prendre ensuite la 1ère à gauche, le passage Hébrard. Au bout, effectuer un gauche-droite et suivre la rue Arthur Groussier.

Au croisement en T, tourner à droite et, au feu tricolore, tourner à gauche (flèche rouge et jaune) pour traverser l'avenue Parmentier. Continuer rue Alibert et longer l'Hôpital Saint-Louis à main droite.

Au carrefour suivant, prendre à droite la rue Bichat (plaque à la mémoire des victimes des attentats du 13 novembre 2015).

Arrivé à la place du Docteur Alfred Fournier, suivre à gauche l'Avenue Richerand jusqu'au Quai de Jemmapes.

8. Emprunter la passerelle pour franchir le Canal Saint-Martin. Suivre ensuite à gauche le Quai de Valmy et longer le canal à main gauche.
Après la seconde passerelle, entrer à gauche dans le square Frédérick-Lemaître et longer l'Écluse du Temple. Après celle-ci, quitter le square par la droite. Traverser le Quai de Valmy et suivre la rue du Faubourg du Temple (piétonne) jusqu'à la place de la République (A).

POUR REGAGNER SES PÉNATES

- Métro : lignes 3, 5, 8, 9 et 11.
- Bus : lignes 20, 56 et 65.

POINTS DE PASSAGE

D : km 0 - alt. 58m - Porte de Pantin
1. km 1.21 - alt. 75m - Entrée rue Manin
2. km 2.03 - alt. 64m - Temple de la Sybille
3. km 2.66 - alt. 91m - Avenue des Marnes
4. km 3.03 - alt. 84m - Sortie rue Manin, Parc des Buttes Chaumont
5. km 3.38 - alt. 86m - Butte Bergeyre
6. km 4.95 - alt. 91m - Belvédère de la rue Piat
7. km 6.08 - Place Marcel Achard x rue Rébeval
8. km 7.18 - Canal Saint-Martin - Passerelle
A. km 7.89 - Place de la République (Paris)

INFOS PRATIQUES

Des chaussures de sport suffisent pour ce parcours entièrement sur voies bitumées, cimentées ou pavées.

Nombreux bars, restaurants et commerces sur le parcours. Toilettes publiques dans le Parc des Buttes Chaumont. Carte nécessaire (au minimum celle qui accompagne la présente description). Le temps indiqué est un temps de marche et ne comprend pas les nombreux arrêts potentiels.

HORAIRES D'OUVERTURE DES PARCS PUBLICS

- Parc des Buttes Chaumont - Ouverture : 7h ; fermeture à 20h jusqu'à minuit selon la saison. Voir les horaires détaillés.

- Parc de Belleville - Ouverture : 8h en semaine, 9h le samedi et le dimanche ; fermeture à 17 h 45 jusqu'à 21 h 30 selon la saison. Voir les horaires détaillés.

- Jardin du Pali-Kao - Ouverture : 8h en semaine, 9h le samedi et le dimanche ; fermeture à 17h jusqu'à 20 h 30 selon la saison. Voir les horaires détaillés.

- Square Frédérick Lemaître - Ouverture : 8h en semaine, 9h le samedi et le dimanche ; fermeture à 17h jusqu'à 20 h 30 selon la saison. Voir les horaires détaillés.

06 HOPPY ROAD

Hoppy Road est une brasserie artisanale fondée en 2017 à Nancy. Créatives et engagées, leurs bières sont le reflet de leur passion pour l'infinie diversité des saveurs de la bière. Les brasseurs expriment leurs influences dans des recettes extrêmement variées qui vous invitent à parcourir les nombreuses routes que trace cette boisson à travers le monde.

INFOS PRATIQUES

Du mardi au vendredi :
17h - 18 h 30
Commmandes en click&collect

CONTACT

Brasserie Hoppy Road
25 Avenue de la Meurthe
54320 Maxéville
www.hoppyroad.com

Quaff Studio

UNE BIÈRE APRÈS LA RANDO ?
Bongo Mango

5 %
ALC | DOUCE | BLONDE | FRUITÉE ACIDULÉE

Parée de sa robe jaune orangé à l'aspect assurément juicy, cette bière forte à la mangue et au fruit de la passion fait son entrée dans les Classic Series. Son nez à la fois doux et légèrement acidulé évoque immédiatement les fruits exotiques. Une bière aux allures de cocktail tropical, doux, rond et diablement rafraîchissant !

QUE FAUT-IL ABSOLUMENT RAMENER DE LA BRASSERIE ?

… À votre pote **mort de soif** : *SOIF* ! Bière blonde de soif moderne et élégante, cette Pale Ale à la fraîcheur désaltérante se distingue par des notes florales et fruitées. Dégustée seule, à l'apéritif ou à table, elle s'apprécie en toutes circonstances. L'acolyte idéal pour accompagner votre prochaine traversée du désert… ou celle de votre salon.

Quaff Studio

LE TOUR DU PLATEAU DE MALZÉVILLE

Source : pgetrochon - Visorando

Découvrez un agréable parcours sur le plateau de Malzéville dans le département de la Meurthe-et-Moselle. Classé au titre Natura 2000, ce site de 439 ha a été occupé dès le Néolithique comme l'atteste la présence d'outils primitifs et de poteries. Ce coin de nature dépaysant propose un circuit aux décors variés avec des chemins forestiers, en lisière et à travers les landes. Situé à quatorze kilomètres de l'ancienne l'Alsace-Lorraine, le plateau de Malzéville a été pendant quelques années un site stratégique de défense après la guerre de 1870 pour la ville de Nancy.

FICHE TECHNIQUE

- N 48.716567° / E 6.207741°
- 2 h 40
- 383 m
- 8,61 km
- Facile
- 74 m
- 3315ET

DESCRIPTION DE LA RANDONNÉE

D/A : Emprunter le chemin direction nord-ouest. Peu après, au croisement (table de pique-nique sur la gauche), prendre le chemin étroit au milieu en face. Il se dirige vers le bois, puis vire vers la gauche et entre dans le bois. Au premier croisement, partir à droite. Aux intersections suivantes, aller tout droit. Longer le grillage d'un point d'ancrage d'une antenne.

1. Au bout, suivre un large chemin à gauche (vers l'ouest). Ignorer un départ à gauche et prendre la direction nord-ouest.

2. Au carrefour, effectuer un droite-gauche pour suivre un chemin forestier, longer un espace aménagé dans une clairière. Dépasser une stèle militaire et poursuivre direction nord-nord-ouest sur le large chemin forestier. Il finit par virer à droite et sortir du bois.

3. Au croisement en pleine lande, prendre le chemin de gauche en légère descente. Aboutir à un croisement avec un poteau indicateur.

4. À droite (vers l'est), suivre un chemin enherbé au milieu d'une parcelle. Un peu plus loin, le chemin est plus visible et tourne à droite (direction sud-est). Plus loin, le chemin se rapproche du bois et vire à gauche. Poursuivre entre le bois, côté gauche, et une clôture électrique.

5. Au croisement en T, prendre à gauche (nord-ouest). Peu après, à une fourche, suivre le chemin de droite, plein Nord. Plus loin, le chemin s'incurve à gauche (nord-ouest).

6. Au carrefour, bifurquer à droite (angle aigu). Remonter la lande en pente douce, direction sud-est. Rester sur le chemin principal, parvenir à une clairière en herbe et se rapprocher d'un bois, en direction d'une clairière.

7. Franchir sur quelques mètres une langue de bois pour accéder à une autre clairière. Rester sur le chemin principal qui se dirige vers le sud. Traverser une langue de bois d'une trentaine de mètres avant de déboucher dans une nouvelle clairière. Le chemin vire aussitôt à gauche. Demeurer en lisière de bois, direction sud-est. Tourner à droite en lisière du bois de

INFOS PRATIQUES

Stationner sur le parking du plateau de Malzéville.Un autre parking se situe au point (8) à l'ouest de Sainte-Geneviève et au nord de Montbois. Les deux sont reliés par le chemin du Pain de Sucre interdit à la circulation.

Terrain varié : nécessité d'être très bien chaussé. De nombreux chemins sont coupés et peuvent induire en erreur même si certains se rejoignent plus loin.

Variante : Du point (8) possibilité de revenir directement au point de stationnement en empruntant le chemin du Pain de Sucre interdit à la circulation. Le circuit fait alors 7,9 km.

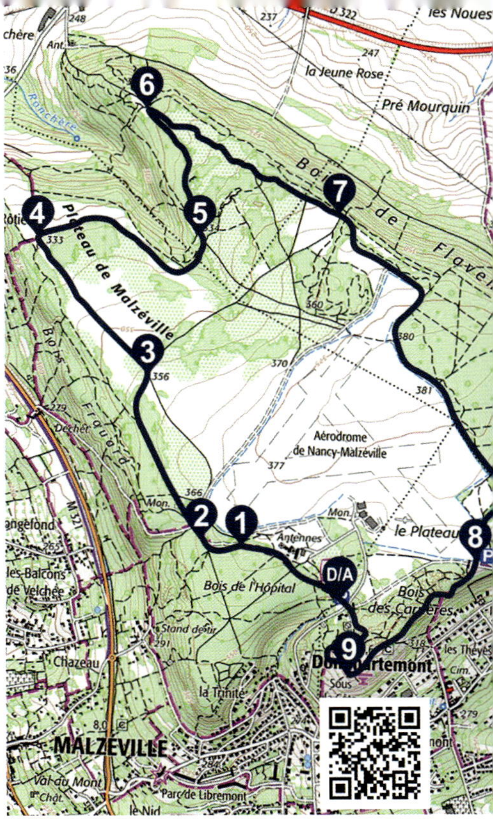

Flavémont. Demeurer en lisière avec le terrain de l'aérodrome à main droite.

8. Au parking de la butte Sainte-Geneviève, effectuer un droite-gauche pour emprunter un chemin qui part entre deux blocs de béton.

Traverser une clairière (tables de pique-nique) pour atteindre un chemin dans le bois bordé de plots de bois. Suivre ce chemin à travers le bois des Carrières. Continuer sur ce chemin principal jusqu'à atteindre un croisement dans une zone où le bois est plus ouvert.

9. Prendre à gauche pour atteindre la table d'orientation de Dommartemont. Revenir sur ses pas. Continuer en face (nord-ouest). Le chemin serpente. À un croisement, tourner à droite. Aussitôt au croisement suivant, tourner à droite. Arriver à un grillage côté gauche, prendre l'escalier sur la gauche. En haut, poursuivre tout droit, longer un terrain de tennis. Au croisement, effectuer un gauche-droite et regagner le point de départ (**D/A**).

POINTS DE PASSAGE

D/A : km 0 - alt. 349 m - Parking du Plateau
1. km 0.6 - alt. 367 m - Intersection
2. km 0.85 - alt. 359 m - Carrefour
3. km 1.61 - alt. 353 m - Croisement de chemins
4. km 2.44 - alt. 327 m - Croisement
5. km 3.37 - alt. 334 m - Croisement en T
6. km 4.12 - alt. 320 m - Carrefour de 5 chemins
7. km 5.18 - alt. 351 m - Croisement
8. km 7.21 - alt. 356 m - Croisement en T
9. km 8.01 - alt. 340 m - Table d'orientation
D/A : km 8.61 - alt. 349 m - Parking du Plateau

07 BRASSERIE DU ROULIER PARTIZANALE

La brasserie partizanale du Roulier est une toute petite fabrique de bières innovantes et créatives. Ces bières sont pour la plupart issues de brassins uniques et vendues en quantités limitées. Elles sont élaborées et brassées avec soin et passion par Agathez, créatrice, brasseuse maîtresse de ces lieux. Amateurs ou curieux, venez découvrir ses bières de caractères aux ingrédients naturels rigoureusement sélectionnés. Laissez-vous surprendre par de nouvelles sensations gustatives apportées par ses bières de tous styles.

CONTACT

Brasserie du Roulier
5, le Roulier
88340 Le Val-d'Ajol
brasserieduroulier@orange.fr
Tél. : 06 63 45 58 27
www.facebook.com/brasserieduroulier

INFOS PRATIQUES

Ven - sam 15h - 19h

Les étangs de Girmont © Hervé Allemandet

La brasserie du roulier ne propose pas de gamme fixe. Les brassins se font au gré des envies d'Agathe. Vous pouvez trouver une large variété de style en fonction de la production. Chaque brassin est unique à tout point de vue.

QUE FAUT-IL RAMENER DE LA BRASSERIE ?

… À votre pote **qui veut apprendre à brasser** : un bon cadeau pour un atelier de brassage pour 20 ou 40 litres sous le haut patronat de la brasseuse elle-même. En groupe ou seul, les ateliers ont lieu de 10h à 17h sur réservation. Vous pourrez y brasser des recettes adaptées à vos désirs les plus secrets.

CIRCUIT DES ÉTANGS

Source : Bruno-Visorando

Balade facile sur une petite journée avec arrêt pique-nique possible à la cascade de Gehard où un espace pique-nique est installé. PS : à moins d'être client de la ferme équestre, merci de ne pas se garer sur la propriété de celle-ci.

FICHE TECHNIQUE

- N 47.930229° / E 6.522623°
- 5 h 00
- 750 m
- 23,41 km
- Facile
- 426 m
- 3519OT

DESCRIPTION DE LA RANDONNÉE

Départ du Clos Léry près du centre équestre.

D/A : Prendre le chemin qui monte légèrement face à l'entrée de la ferme équestre. Après 300 m, laisser le chemin sur la gauche. Rejoindre la lisière sud/sud-est du bois de Rey, la longer en direction de l'Est jusqu'à l'étang des Basses.

1. Prendre la route direction nord sur 350 m puis prendre à droite un chemin qui bifurque vers le nord.

2. Longer le grand étang de Corfaing et poursuivre jusqu'à un petit bois.

3. Prendre le GR® vers la gauche sur environ 300 m et suivre le chemin à travers bois sur la droite (descente).

4. À la sortie du bois prendre à gauche, traverser la route. Suivre prendre le petit chemin en face, traverser le hameau.

Prendre la route à droite. Après une centaine de mètres, prendre la D83 sur la droite en direction de Girmont d'Amont.

5. 100 à 150 m après la Molière d'Amont, prendre à gauche un petit chemin qui entre dans les bois. Le suivre sur environ 800 m jusqu'à la route, puis prendre à gauche. Suivre la route sur 400 m et tourner à droite (itinéraire balisé). Le suivre sur 5 km.

6. Passer devant la cascade de Gehard, la fontaine des Belges, le chalet forestier. Arriver à l'épingle à cheveux, ne pas suivre le balisage en face mais prendre le chemin qui se trouve juste à droite. Le suivre sur 300 m et virer à droite.

7. Contourner l'étang du Villerain par la gauche. Suivre le sentier sur environ 700 m, suivre le balisage en face sur 50 m puis, sur la gauche en direction du sud. Suivre le balisage jusqu'au hameau des Faignes Noires.

8. Traverser le hameau et prendre un chemin à gauche à environ 50 m. Le suivre jusqu'à la route. Prendre à gauche et suivre le balisage jusqu'à la route (2 km).

9. Contourner l'étang de la Molière. Prendre le chemin en face sur 500 m puis le chemin en face à droite, direction sud.

10. Passer auprès de l'étang Houillon.

11. Bifurquer à droite (route) sur 50 m, puis à gauche. Après 230 m virer à gauche, puis après 70 m, à droite. Passer le hameau et rejoindre la route.

12. Contourner l'étang La Divière. Prendre à droite et suivre le balisage jusqu'à la route.

3. Arriver à un endroit emprunté en sens inverse en début de balade. Suivre la route à gauche sur 600 m, longer le grand étang de Corfaing.

2. Prendre la deuxième voie goudronnée en partant de la droite. Après 600 m, elle rejoint l'itinéraire balisé n°19 à suivre sur 2,4 km en prenant sur la gauche. Suivre la direction du panneau « Le Clos Léry » et rejoindre le point de départ (D/A).

INFOS PRATIQUES

Le Point de départ et de retour, « Le Clos Léry », peut vous héberger (tente, gîte), et vous restaurer (petit-déjeuner, pique-nique, repas).

POINTS DE PASSAGE

D/A : km 0 - alt. 612 m - Clos Léry
1. km 3.48 - alt. 680 m - Prendre à gauche
2. km 4.63 - alt. 691 m - À droite, étang de Corfaing
3. km 5.22 - alt. 712 m - Prendre le GR® à gauche
4. km 5.67 - alt. 687 m - Sortie du bois, à gauche
5. km 6.62 - alt. 654 m - Après la Molière d'Amont, à gauche
6. km 8.82 - alt. 548 m - Cascade du Géhard
7. km 13.36 - alt. 637 m - Étang du Villerain
8. km 14.34 - alt. 603 m - Faignes Noires
9. km 15.16 - alt. 644 m - Étang de la Mollière
10. km 16.3 - alt. 686 m - Étang Houillon
11. km 16.56 - alt. 698 m - A droite, étang des Maux Cailloux
12. km 18.01 - alt. 745 m - Étang La Divière
D/A : km 23.41 - alt. 599 m - Clos Léry

08

BRASSERIE
ELIXKIR

Fondée tout près de Dijon par Amélia et Guillaume, la brasserie Elixkir explore le champ des possibles brassicoles depuis 2015. Rejoints en 2020 par Quentin puis Baptiste, ils élaborent ensemble des recettes avec un mot d'ordre simple : brasser des bières qu'on prendra plaisir à boire. Des styles traditionnels à l'abri de la mode, brassés avec l'amour véritable de ces bières simples, pintables à souhait et résolument conviviales. Mais également des recettes plus décadentes, à la fois créatives et récréatives, mais toujours dans le respect des produits et sans jamais succomber aux sirènes tapageuses du sucre et des arômes.

INFOS PRATIQUES

Mer à ven 14 h 30 - 20h
Sam : 10h - 12h / 14 h 30 - 20h

CONTACT

Brasserie Elixkir
7 rue de l'Enclume
21800 Quetigny
contact@elixkir.fr
Tél. : 09 82 30 77 00
www.elixkir.fr

UNE BIÈRE APRÈS LA RANDO ?
Elixir, Blanche

4,5 % ALC — AMER LÉGER — BLANCHE — ÉPICÉE

Elixkir Blanche est une bière légère et désaltérante aux notes épicées caractéristiques du style traditionnel belge. Elle révèle, derrière son élégant trouble naturel, un harmonieux équilibre entre la coriandre, l'écorce d'orange amer et froment, lui conférant ainsi un goût acidulé irrésistiblement rafraîchissant.

QUE FAUT-IL ABSOLUMENT RAMENER DE LA BRASSERIE ?

… À votre pote **victime de cenosillicaphobie** - l'IBU Profane® IPA est la bière idéale en traitement préventif grâce à sa formulation unique, qui combine une amertume franche et désaltérante aux saveurs d'agrumes et de fruits exotiques du houblon.

OBSERVATOIRE DE LA NORGES

Source : Catherine-Visorando

Au départ de la mairie de Norges-la-Ville, vous prendrez le sentier de l'observatoire de la Norges.

Chemin en planche sur pilotis jusqu'à Norges-le-Bas puis découverte des vieilles maisons en pierre des villages de Norges et Brétigny. Sur votre chemin vous verrez 4 lavoirs, 2 petites chutes d'eau et de nombreux animaux.

Parcours idéal en famille de préférence d'avril à octobre.

DESCRIPTION DE LA RANDONNÉE

D/A : Du parking de la mairie de Norges-La-Ville, regarder en direction de la Norges et rejoindre la passerelle pour traverser la rivière.

FICHE TECHNIQUE

N 47.406253° / E 5.078953°

1 h 50	265 m
6,35 km	Facile
10 m	3122SB

1. Après la passerelle, commencer à gauche le parcours sur les planches. Poursivre tout droit sur les planches jusqu'à Norges-Le-Bas.

À mi-chemin, le parcours en planches enjambe la Norges, et passe sur sa rive gauche. Prendre le temps d'observer les animaux : poules d'eau, canards, hérons, ragondins, chevaux de trait dans les pâtures ainsi que les truites.

La poule d'eau est farouche, pour la voir il faut regarder près des berges sans faire de bruit © Catherine

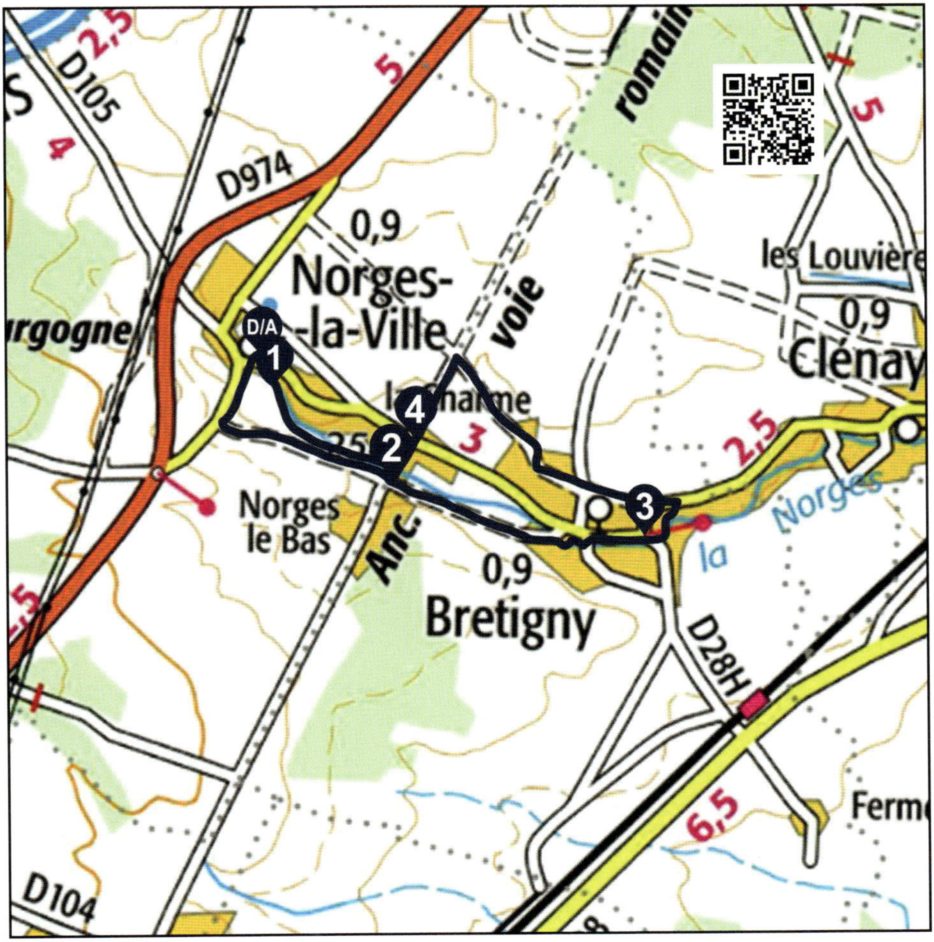

Arriver sur la route de Norges-Le-Bas à Bellefond, monter les 3 ou 4 marches, partir à droite et traverser à nouveau la rivière par le pont.

2. 30 m plus loin au carrefour, traverser la route (voie Romaine) avec prudence puis prendre à gauche un large chemin (Raffenot). Admirer les belles propriétés anciennes et leurs parcs puis suivre ce chemin tout droit jusqu'à l'entrée du village de Brétigny. Occulter tous les chemins rencontrés. Arriver à l'intersection de la 1ère rue dans Brétigny, traverser et aller tout droit le long de la Norges par un petit sentier bien marqué.

Prendre pour repère à droite les sapeurs-pompiers et une table de pique-nique. Ce petit sentier fait passer derrière et le long de jolies maisons anciennes puis arriver au cœur du village de Brétigny

Brasserie Elixkir

par la ruelle des Combes, face à une propriété et son parc arboré. Tourner à gauche et traverser à nouveau la rivière. Après le pont, poursuivre à droite et suivre au plus près la Norges jusqu'au pont suivant.

3. Rester bien au bord de la rivière et ne pas suivre la route qui va sur Clenay.

Au pont, traverser la rue d'Avau avec prudence, puis prendre le petit sentier en face qui va au lavoir et longe la Norges. Prendre le temps de regarder les canards, les poules d'eau et les cygnes.

Suivre ce petit sentier le long de la Norges qui, 100 m plus loin, part à gauche pour rejoindre la route de Clénay. Traverser avec beaucoup de prudence la D28a.

Partir à gauche par le chemin parallèle à la route Brétigny-Clénay, puis au bout de 50 m, prendre vers la droite le grand sentier blanc le long des champs. Le suivre tout droit jusqu'au cimetière de Brétigny.

À l'intersection avec le chemin du grand Rousseau, continuer tout droit. Passer devant la grande mare, occulter tous les chemins sur la gauche puis arriver à la « Croix Blanche».

Le sentier blanc part sur la droite, le suivre en faisant attention 100 m plus loin à ne pas aller à droite (fourche) ou à gauche mais tout droit sur 20 m.

Ce grand chemin blanc part sur la gauche entre prairies et pâtures. Nombreux chevaux et moutons. Prolonger par la grande ligne droite jusqu'à un chemin carrossable.

Prendre à gauche et tout droit jusqu'à la route D28a. Traverser avec prudence et continuer tout droit, sur l'ancienne voie romaine.

4. À gauche, observer l'ancien château de Norges, il s'agit de l'ancienne Commanderie des Antonins fondée au XIIIe siècle.

Il est intéressant d'aller faire un tour sur la façade arrière en passant par la route de Norges vers Brétigny.

2. Passer à nouveau le pont sur la Norges puis 30 mètres après (2), prendre le large chemin des Naizoirs à droite et le suivre jusqu'à la route d'entrée dans le village de Norges (route de Dijon, D105). De nombreux chevaux dans les pâtures.

Continuer à droite sur la route de Dijon et se diriger à vue vers l'église puis la source de la Norges et enfin la mairie, le point de départ (**D/A**).

INFOS PRATIQUES

Abris dans le quatrième lavoir, au petit barrage de Brétigny, pas de point d'eau potable sur le parcours.

Évitez les fortes chaleurs car le parcours est peu ombragé.

Nos amis les chiens ne sont pas les bienvenus afin de ne pas déranger les animaux sauvages et des fermes. Ne pas entrer dans les enclos ni descendre du parcours sur pilotis (marais).

POINTS DE PASSAGE

D/A : km 0 - alt. 259m - Parking
1. km 0.07 - alt. 257m - Sentier sur pilotis
2. km 1.05 - alt. 257m - À droite, Raffenot
3. km 2.45 - alt. 251m - Cygnes, canards et truites
4. km 4.73 - Commanderie des Antonins
D/A : km 6.35 - alt. 259m - Parking

09 BRASSERIE LA FRANCHE

La Franche, c'est une rencontre entre deux copains, qui se lancent dans un projet rural avec une illumination : « si on faisait de la bière ». Aujourd'hui, la Franche, c'est quatre bières classiques, sept créations revenant régulièrement et quatre bières annonçant chacune les saisons de l'année, représentant un volume annuel de 650 hectolitres par an. Acteur majeur dans le monde brassicole, la brasserie de la Franche est une référence dans le milieu de la *craft beer* française.

INFOS PRATIQUES

D'octobre à mai : mer, ven et sam :
10h à 12h - 16h à 19h
De juin à septembre et vacances scolaires :
Tlj (hors dimanches et jours fériés)
10h à 12h - 16h à 19h.

CONTACT

Brasserie La Franche
28 rue Principale
39600 La Ferté - Jura
Tél. : 03 84 37 65 33
www.lafranche.net

UNE BIÈRE APRÈS LA RANDO ?
XXYZ Bitter

ALC — AMER PUISSANT — BLONDE — HERBACÉE

Au début, c'était un pied de nez à la brasserie De Ranke et sa superbe XXYZ Bitter. Maintenant, elle est une création devenue régulière à La Franche avec la ferme intention de déboîter les papilles. 90 IBU minimum garantis signifie que cette bière s'adresse aux amateurs de grosse amertume tirant sur la résine et les agrumes.

QUE FAUT-IL ABSOLUMENT RAMENER DE LA BRASSERIE ?

... À votre copain dyslexique **fan de France Gall** - *la Franche Galle* : La *Franche Galle* est une blanche naturelle, sans ajout d'épices, comme toutes les autres *Franche*. Facile à boire, elle est légèrement acidulée, grâce à ses 50 % de malt de blé, et douce.

LA RECULÉE DES PLANCHES

Source : bc71-Visorando

Située à deux pas d'Arbois, la Reculée des Planches forme une vallée fermée par des falaises calcaires. Au pied de la reculée se trouve le village « Les Planche-près-Arbois » tandis qu'au sommet domine le village de « La Châtelaine ». Ses falaises de 245 mètres la positionnent comme la plus haute reculée du Jura.

Le cheminement proposé est une étape de « l'échappée jurassienne ». La fin de la randonnée, permet d'approcher le vignoble.

Un autre itinéraire, plus court, existe en passant par le fond de la reculée. Les sous-bois sont magnifiques, les panoramas également, le détour par la cascade des tuffs en arrivant aux Planches est à couper le souffle.

FICHE TECHNIQUE

- N 46.902065° / E 5.772244°
- 6 h 10
- 580 m
- 17 km
- Facile
- 473 m
- 3325OT

DESCRIPTION DE LA RANDONNÉE

D/A : Se garer sur le parking de l'Office de Tourisme (proche de l'hôtel de ville). Revenir sur la départementale et prendre à gauche puis, à nouveau à gauche la rue de Faramand qui se transforme rapidement en rue de Champagnole.

© Hervé Allemandet

1. 150 m après la rue de l'Hermitage (sur votre droite), emprunter un grand escalier en montant sur la droite au niveau de la croix, le GR®59b (balisage rouge et blanc). Contourner l'ermitage et monter jusqu'au pylône. Poursuivre le GR® en gardant la reculée à main gauche jusqu'à atteindre le belvédère du Fer à Cheval

2. Dépasser le belvédère de 100/150 m en restant sur le GR®.

3. Le GR® descend alors sur la gauche. Là, deux solutions possibles :

A. Le chemin (GR®) descend au fond de la reculée et se poursuit jusqu'au village pour arriver sur une place et retrouver la rue de l'hôtel de ville à main gauche.

B. Itinéraire de la trace, rester sur le plateau par un sentier bien marqué (balisage jaune) qui suit un moment le bord de la reculée et finit par rejoindre une route.

4. Prendre cette dernière à gauche et retrouver plus loin sur la gauche le GR® qui revient vers le village. Attention, le circuit balisé par l'Office du Tourisme passe par le fond de la Reculée (**D/A**).

INFOS PRATIQUES

Le chemin est bien balisé, mais nécessite cependant un peu d'attention. D'Arbois, prendre la D469 en direction du « Fer à Cheval », la Châtelaine.

À PROXIMITÉ

Arbois est réputé pour son vin. La maison de Louis Pasteur peut être visitée.

Les amateurs de phénomènes géologiques pourront observer des barrages naturels de travertin qui forment des gours (petits « lacs ») en escaliers sur le cours amont de la Cuisance, reculée des Planches.

POINTS DE PASSAGE

D/A : km 0.44 - alt. 292m - Parking
1. km 0.44 - alt. 302m - Quitter la rue de Champagnole
2. km 7.07 - alt. 525m - Belvédère du Fer à Cheval
3. km 7.24 - alt. 534m - Deux itinéraires aux choix
4. km 11.06 - alt. 564m - Route, prendre à gauche
D/A : km 17 - alt. 293m - Parking

10 BRASSERIE DE LA VALLEE DU GIFFRE

La Brasserie de la Vallée du Giffre, c'est un type qui s'arrache les cheveux à faire des bières de différents styles, souvent sèches, peu alcoolisées pour la plupart, inspirées par un animal totem et un sommet Haut-Savoyard à atteindre. Après avoir brassé en amateur pendant deux ans, Antoine de Swarte et deux amis lancent, en 2011, officiellement la brasserie. Depuis 2014, la brasserie est installée à Verchaix et produit une douzaine de bières différentes avec un souci de vous offrir un produit de qualité, créatif et rigoureux. Depuis 2018, Guillaume Wagemans a repris la brasserie. Il développe l'activité avec pour contraintes de travailler au maximum avec des houblons bio et locaux.

INFOS PRATIQUES

Lun, mar, jeu, ven : 16h - 19h
Mer : 16h - 18h
Sam : 10h - 12h / 15h - 19h

CONTACT

Brasserie de la Vallée du Giffre
331 ZA de l'Épure
74440 Verchaix
info@brasseriedugiffre.com
Tél. : 04 50 89 16 63
bieres-du-giffre.com

UNE BIÈRE APRÈS LA RANDO ?
Barbe rouge

3,3 %

ALC AMÈRE BLONDE FRUITÉE

Cette Ale de couleur blonde est uniquement travaillée avec un seul houblon alsacien, le Barbe Rouge. Nous voilà donc avec une Bitter très légère, pétillante et limpide. Au niveau du palais, une amertume bien marquée qui s'appuie notamment sur une belle longueur en bouche épicée. Au nez, cette bière évoque des teintes herbacées, sur des notes de baies rouges pas encore bien mûres.

QUE FAUT-IL ABSOLUMENT RAMENER DE LA BRASSERIE :

... À votre pote **BeerGeek barbu(e) en fixie** - *Alt 7.65* – Double India Pale Ale – 8,3% ALC. La puissance de l'équilibre et l'équilibre de la puissance ! Non ce n'est pas un slogan pour des pneus de voiture mais le mariage gustatif tout en équilibre de cette double I.P.A houblonnée, maltée et forte en alcool.

... À votre pote **altermondialiste pour déconner** - *Art. 63* – Red Ale – 4,4% ALC. Le principe général de la libre circulation des capitaux est défini à l'art. 63 T.F.U.E, qui dispose que « toutes les restrictions aux mouvements de capitaux entre les États membres et entre les États membres et les pays tiers sont interdites ».

CHAPELLE DE JACQUICOURT

Source : BNM-Visorando

Une balade sympa dans les bois vers la Chapelle de Jacquicourt. La construction de la chapelle remonte à 1679. Détruite la même année pour des questions de contestations des limites d'alpages, elle a été reconstruite à l'identique en 1986. Pèlerinage annuel en septembre. Pour bons marcheurs (montée assez raide).

FICHE TECHNIQUE

N 46.105796° / E 6.686054

4 h 40 — 1 295 m

10,11 km — Moyenne

748 m — 3530ET 3530ETR

DESCRIPTION DE LA RANDONNÉE

L'itinéraire démarre après les Lanches. En voiture, possibilité de stationner en bordure du chemin forestier.

D/A : Redescendre le chemin et, dans un virage à gauche, emprunter le chemin à droite en direction de la Frénière jusqu'au prochain chemin forestier.

1. Prendre à droite et tout de suite après le virage (au niveau d'un chalet), tourner à gauche dans le sentier qui monte. Au sommet, bifurquer à gauche et redescendre vers Pralliou en passant en sous-bois devant un moulin en ruine.

2. À l'entrée de Pralliou, prendre le sentier qui monte à droite. Traverser une cascade et descendre jusqu'à une bifurcation.

Chapelle de Jacquicourt © OT Verchaix

3. Prendre à droite le sentier qui remonte jusqu'au lieu-dit les Têtes. Continuer à droite pour rejoindre le chemin forestier à gauche.

Tourner rapidement à droite en suivant la direction de la Chapelle de Jacquicourt (montée abrupte dans un pré) ou continuer quelques centaines de mètres sur le chemin et emprunter à droite un chemin qui vous mènera vers la chapelle.

Le retour depuis la chapelle se fait en direction de Veruy, le Pré du Four et la Chaumette. Arrivé à La Chaumette, tourner à droite et suivre le chemin forestier.

À la bifurcation suivante, tourner à droite et le chemin forestier vous ramènera à votre point de départ (**D/A**).

POINTS DE PASSAGE

D/A : km 0 - alt. 1109m - Stationnement
1. km 1.09 - alt. 1050m - Chemin forestier, à droite
2. km 2.08 - alt. 1011m - Pralliou
3. km 2.51 - alt. 992m - Bifurcation après la cascade, à droite
4. km 4.26 - alt. 1455m - Les Têtes, route forestière, à gauche
D/A: km 10.11 - alt. 1109m - Stationnement

11 ARTMALTÉ

Située en plein centre d'Annecy, la brasserie Artmalté, propose, sous l'impulsion de Stéphanie Altermatt, une gamme de bières artisanales allant de la pils à la coffee stout en passant par des brassins spéciaux brassés avec les malts locaux. La brasserie Artmalté dispose également d'une partie Cave & Bar, ouverte du mardi au samedi où vous pouvez retrouver la production maison à la pression et en bouteilles, et découvrir le talent des brasseurs locaux avec une sélection de bières artisanales locales.

INFOS PRATIQUES

Lundi : Fermé
Du mardi au samedi :
17h - 23h

CONTACT

Brasserie Artmalté
PETITE FABRIQUE | 12 impasse du bois
74370 Annecy
CAVE et BAR A BIERES | 1 boulevard Bellevue
74000 Annecy
info@artmalte.com
Tél. : 06 74 74 44 21
www.artmalte.com

UNE BIÈRE APRÈS LA RANDO ?
Pils

La Pils d'Artmalté est une bière blonde, finement houblonnée, dominant sur le malt cette bière est très désaltérante. Elle comblera parfaitement les gosiers asséchés d'après randonnée.

QUE FAUT-IL ABSOLUMENT RAMENER DE LA BRASSERIE ?

... À votre pote qui veut se lancer dans le **brassage amateur** : un bon cadeau pour participer aux ateliers d'initiation au brassage ; Stéphanie est une référence de la formation, vous pourrez ainsi profiter de son savoir-faire et de sa pédagogie pour comprendre et maîtriser les différentes étapes du brassage.

© Le dos de la fourchette

LA TOURNETTE PAR MONTMIN

Source : Giroddo-Visorando

Une très belle randonnée au départ du petit village de Montmin qui vous enchantera si vous êtes un bon marcheur… Pas de difficulté particulière en empruntant ce circuit où, pour une partie, nous sommes en crête. Arrivé au sommet (fauteuil), vous découvrirez (par beau temps) le Mont Blanc, le Lac d'Annecy, la chaîne des Aravis, les Bauges…

FICHE TECHNIQUE

N 45.803382° / E 6.264745°

6 h 35 — 1 800 m

11,99 km — Difficile

1 309 m — 3431OT 3431OTR

DESCRIPTION DE LA RANDONNÉE

Le plus simple est de laisser son véhicule près de l'église sur la place à Montmin.

D/A : Dès le départ, le ton est donné par une montée assez raide sur chemin goudronné situé direction est (La Tournette).

1. Juste après un réservoir d'eau, laisser le premier sentier situé sur la droite. Ensuite, après 150 m, prendre le premier sentier sur la droite. Continuer tout droit pendant un peu plus d'un kilomètre en continuant de monter jusqu'à la fourche suivante.

2. Suivre la branche de droite et continuer à monter plein Nord.

3. Tourner à droite et arriver au carrefour (torrent).

4. Ici, traverser un torrent (névé suivant la saison), le contourner par le bas. Prendre ensuite sur la droite direction Sud-Est un sentier qui pourrait être glissant par temps de pluie (terre). Il suffit maintenant de suivre cette sente sans risquer de se tromper pour arriver sur une crête.

5. Vous cheminez sur la crête pour tourner légèrement sur la gauche.

6. Au loin, apercevoir le passage situé à droite de la pointe de La Bajulaz qui mène dans un premier temps à un col. La Tournette n'est plus qu'à quelques encablures. À partir de là, le sentier est pour la plupart du temps en balcon et seule la partie terminale remonte un peu. Contourner le Fauteuil (nom du très gros rocher au sommet de La Tournette) par la gauche pour terminer par l'ascension au moyen d'échelles métalliques et de chaînes.

7. Les paysages sont d'une rare beauté si le beau temps est de la partie. Le retour se fait par le même chemin en sens inverse pour revenir au parking (**D/A**).

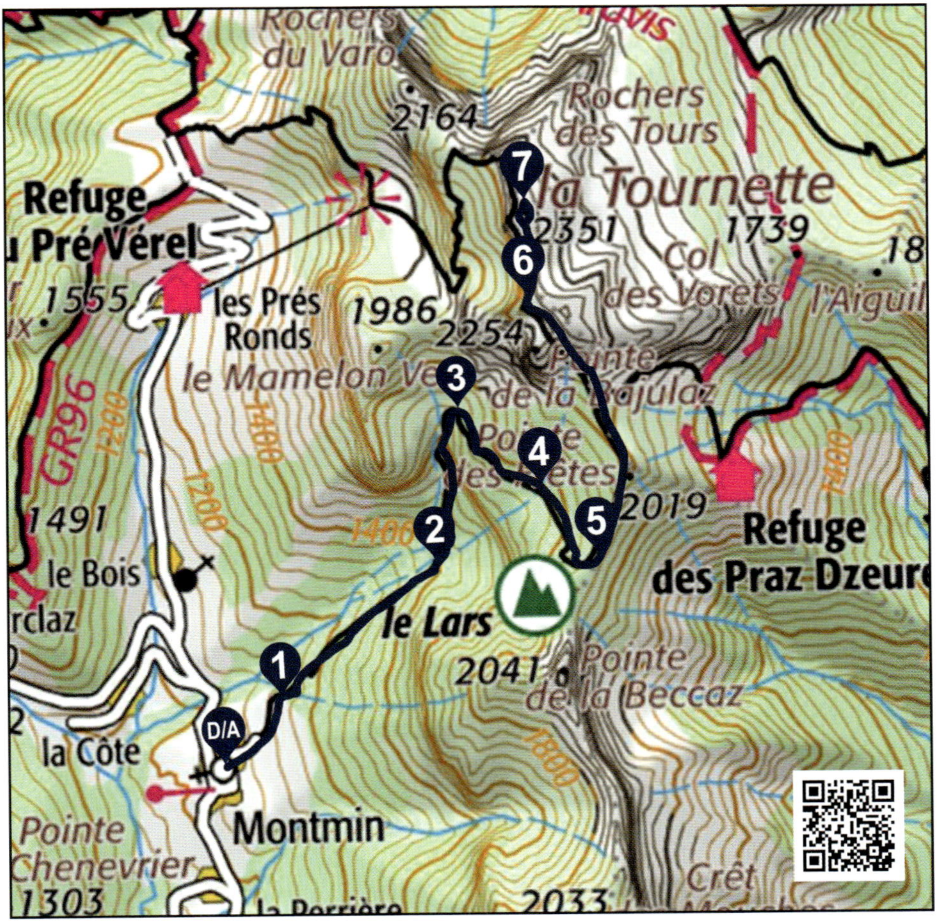

INFOS PRATIQUES

Emportez suffisamment d'eau (2 litres recommandés).

De bonnes chaussures ainsi que des bâtons sont fortement recommandés.

Faire cette randonnée par beau temps. Un GPS peut être utile, surtout par temps de brouillard.

POINTS DE PASSAGE

D/A : km 0 - Place de l'église et lavoir
1. km 0.45 - alt. 1169m - Tout droit à la fourche
2. km 1.57 - alt. 1431m - À droite à la fouche
3. km 2.48 - alt. 1676m - Torrent
4. km 3.16 - alt. 1806m - Passage névé et torrent
5. km 3.75 - alt. 1945m - Crête
6. km 5.3 - alt. 2293m - Col
7. km 5.99 - alt. 2366m - La Tournette
D/A : km 11.99 - Place de l'Église et lavoir

La tournette - Pointe de Bajulaz © Giroddo

12 GRIZZLY
BREWING

Tout a commencé avec Justin, le brasseur Californien, en 2014. Arrivé en France, il y a déjà plusieurs années, il a vite été nostalgique de ne pas retrouver les styles de bières de sa région natale. Après une rencontre avec l'Empire du malt (votre cave à bières préférée), et une cuisine remplie en fermenteur ; l'idée de monter une microbrasserie est vite venue. Le projet prend vie à l'ancien entrepôt de l'Empire du Malt, à Aubière. Justin brassait seul, par 120 L et faisait tout à la main. Après deux ans de dur labeur, la microbrasserie s'est créée en 2016 suite au déménagement de l'Empire au Brézet. Apparaît donc un concept typiquement Américain : un Brewpub !

INFOS PRATIQUES

L'empire du malt à Clermont Centre est ouvert du mercredi au samedi :
10h - 13h/14h - 19h

CONTACT

Brasserie Grizzly
6 rue Nicolas Joseph Cugnot
63100 Clermont-Ferrand
www.grizzlymicrobrasserie.fr
Tél. : 04 44 05 05 83

UNE BIÈRE APRÈS LA RANDO ?

Delicious Monster, New England Pale Ale

4 % ALC

AMER LÉGER

BLONDE

FRUITÉE MALTÉE

Biere blonde de fermentation haute aux notes de fruits exotiques. La Delicious Monster developpe un aromatique fruité, tout en gardant un très beau corps malté malgré ses 4%.

QUE FAUT-IL ABSOLUMENT RAMENER DE LA BRASSERIE ?

... À votre pote **californien**. La Golden Bridge Westcoast Ipa 9% : cette bière dorée à la mousse soyeuse, exprime des notes d'ananas tout en gardant une amertume franche à la Westcoast IPA.

LE PUY DE DÔME PAR LE CHEMIN DES CHÈVRES

Source : pierre5205 - Visorando

En plein cœur du Puy de Dôme, parcourez le chemin des chèvres et découvrez les magnifiques paysages qui vous entourent. À travers les bois, profitez d'une vue spectaculaire sur le Puy de Côme, le Grand et le Petit Suchet ainsi que le Pariou qui vous accompagnent tout au long du parcours. Sans oublier le Nid de la Poule, ce cratère apparu il y a 10 000 ans seulement, entouré du Puy de Dôme et du Puy de Côme.

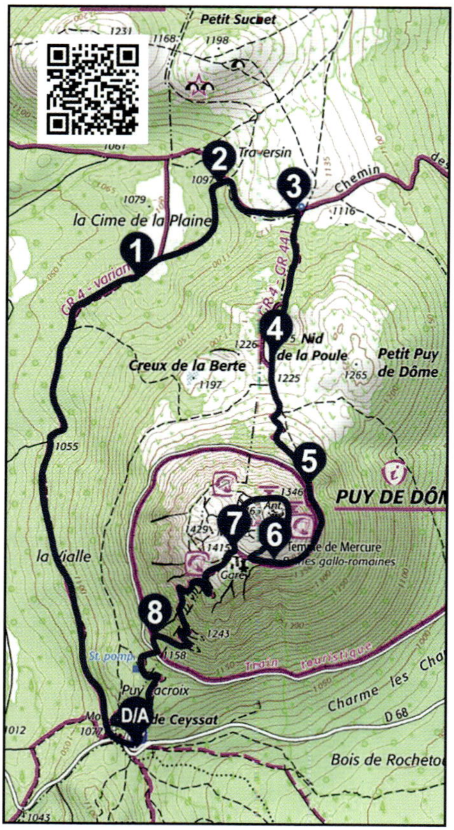

FICHE TECHNIQUE

N 45.764058° / E 2.956466°

3 h 20

1 441 m

7,82 km

Moyenne

395 m

2531ET

DESCRIPTION DE LA RANDONNÉE

Depuis Clermont-Ferrand, prendre la D941 en direction d'Orcines, puis la D942 en direction du Puy de Dôme, puis du col de Ceyssat. Se garer sur le parking devant les deux restaurants.

Balisage jaune : Puy de Dôme par le chemin des chèvres.

D/A : Du parking, prendre le chemin qui monte au-dessus des deux restaurants. Laisser le chemin des Muletiers à droite et monter le chemin en pierres puis en terre qui chemine dans une forêt de hêtres. Poursuivre sur le chemin naturel jusqu'à une clairière.

1. À la clairière, poursuivre tout droit sur le chemin naturel. Au croisement avec le GR® 4, continuer tout droit.

2. Au croisement avec le GR® 441 (quatre chemins), prendre à droite et continuer sur

Temple de Mercure, Puy de Dôme © Gérard Colombat

le plateau du Traversin jusqu'à la fontaine en pierre.

3. À la fontaine, prendre à droite le chemin des chèvres. Suivre ce chemin pentu, ignorer le chemin à gauche, poursuivre jusqu'aux escaliers.

4. Gravir les escaliers jusqu'à la route et la voie du train à crémaillères, le panoramique des Dômes.

5. À la route, peu avant la gare, tourner à gauche. Franchir la voie du train (**attention au train**), monter vers la plateforme au-dessus de la gare.

6. Poursuivre et prendre à droite en direction du temple de Mercure. Faire le tour du site.

7. De retour vers la gare, prendre à droite, descendre le chemin des Muletiers jusqu'à la route et voie du train.

8. Traverser la route et la voie, **attention au train.** Prendre le chemin en face qui descend jusqu'aux restaurants et rejoindre le parking (D/A).

POINTS DE PASSAGE

D/A : km 0 - alt. 1079 m - Parking du col de Ceyssat
1. km 2.26 - alt. 1 074 m - Clairière, sortie de forêt
2. km 2.86 - alt. 1 095 m - Croisement GR®441
3. km 3.27 - alt. 1 126 m - Fontaine en pierre
4. km 4 - alt. 1 216 m - Escaliers
5. km 4.63 - alt. 1 340 m - Jonction route
6. km 5.11 - alt. 1 398 m - La gare
7. km 5.94 - alt. 1 416 m - Retour vers la gare
8. km 7.12 - alt. 1 161 m - Traversée de route
D/A : km 7.82 - alt. 1079 m - Parking du col de Ceyssat

Vue sur le sommet du Puy de Dôme © Gilles Poyet

13 La Farlodoise

Brasserie artisanale

La Brasserie de la Farlodoise tire son nom des « Farlot », syndiqués de l'industrie chapelière, au début du XXe siècle, dans la région de Chazelles-sur-Lyon. Depuis 2013, la brasserie produit des bières Nature et Progrès, principalement légères car comme le dit le brasseur lui-même : « J'aime bien boire des bières alors je fais des bières faciles à boire ». Le lieu de la brasserie de la Farlodoise est assez inédit ; c'est donc une brasserie artisanale, un bar, un restaurant, un lieu de spectacles à la programmation léchée et une cave à bière où vous trouverez une selection de pépites brassicoles. Il vous est vivement conseillé de vérifier la programmation avant d'y passer pour compléter le triptique magique : une balade, une rencontre, une bière et un spectacle.

INFOS PRATIQUES

Épicerie, pub et restaurant ouverts du mardi au samedi. Se renseigner sur le site Internet de la boutique.

CONTACT

Brasserie La Farlodoise
3 Avenue du 8 mai 1945
42140 Chazelles-sur-Lyon
info@lafarlodoise.fr
Tél. : 09 73 10 84 72
www.lafarlodoise.fr

© Frédéric Berthet

UNE BIÈRE APRÈS LA RANDO ?
Fardoloise Pils

ALC DOUCE BLONDE MALTÉE

Bière blonde de fermentation basse, cette pils convient parfaitement après une randonnée. Légèrement sèche, elle ravivra les palais après l'effort. Conditionnée en 50 cl, il n'y aura pas de frustration pour les plus assoiffés.

QUE FAUT-IL ABSOLUMENT RAMENER DE LA BRASSERIE ?

… il faut surtout **emmener votre ami**. Le cadre est super sympa. Dans le même lieu vous pourrez boire un verre au bar, regarder la salle de production, vous organiser pour voir un spectacle et profiter de la cave à bière pour recharger vos frigos, celliers et autres caveaux thermorégulés.

© Frédér c Berthet

BOUCLE BELLEGARDE, ST ANDRÉ DE BELLEGARDE

Source : Dom.du.42-Visorando

Boucle agréable de 11 km, entre Bellegarde-en-Forez et Saint-André-le-Puy. Passage devant les « Délices foréziens », et retour par la nouvelle voie verte qui relie les deux villages. Balade tranquille, avec très peu de passage sur des routes fréquentées.

FICHE TECHNIQUE

N 45.653503° / E 4.294352°

3h20	391 m
11,21 km	Facile
36 m	2832E

DESCRIPTION DE LA RANDONNÉE

Départ du circuit à la sortie de Bellegarde-en-Forez, en direction de Saint-Cyr-les-Vignes.

D/A : Descendre à gauche, lotissement les Œillets, et rejoindre la route de Saint-Cyr (D10). Faire un rapide droite-gauche pour suivre le chemin en terre. Au premier croisement, continuer tout droit pour rejoindre le Chemin des Sermages.

1. Tourner à gauche et suivre la route, en passant devant les « Délices foréziens », fabricant de glaces à la ferme. Longer ensuite les boxes à chevaux et la piste d'entraînement jusqu'au prochain croisement. Prendre à gauche sur le chemin du Surget jusqu'au croisement avec la D16, qui relie Saint-André-le-Puy à Saint-Cyr-les-Vignes.

Chateau de Bellegarde-en-Forez.
© OT Bellegarde-en-Forez

2. Tourner à gauche. Continuer tout droit en direction de Saint-André-le-Puy et passer devant le petit lot de maisons qui constitue les Rompets.

100 mètres après la dernière maison, tourner à droite, dans un chemin de terre. Suivre ce chemin de terre, tout droit jusqu'à la route goudronnée.

3. Prendre à gauche pour suivre la route et, au prochain croisement, prendre encore à gauche sur la rue du Puy, afin de rejoindre la rue des Rotys.

4. Tourner à droite, suivre la rue des Rotys sur une cinquantaine de mètres et prendre à gauche le chemin des Sables. Suivre ce chemin en allant tout droit puis prendre sur la gauche à l'embran-

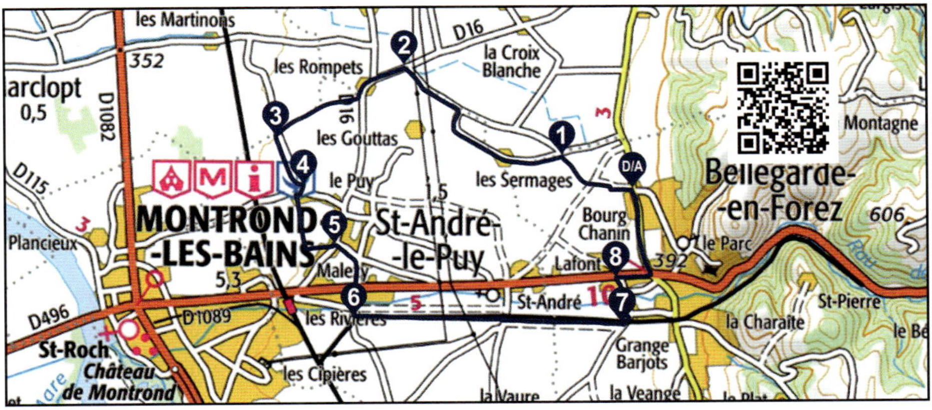

chement, de façon à rejoindre la rue de Saint-Cyr (D16).

5. Traverser la D16, et faire un gauche-droite pour prendre la rue Jacques Brel. Au bout de la rue, tourner à droite et remonter la rue Victor Hugo, en direction de la nouvelle école et nouvelle mairie. Traverser la D1089, et continuer tout droit, rue du Pont.

6. Après avoir passé le gymnase et le petit pont sur l'Anxieux, prendre à gauche la nouvelle voie verte. Suivre celle-ci jusqu'à revenir à l'entrée de Bellegarde-En-Forez.

7. Prendre à gauche sur la route de Cuzieu, puis garder la gauche pour suivre la Rue de l'Anzieux. Passer devant « Centre-Auto-Plaine » et rejoindre l'avenue des Farges (D1089).

8. Traverser la route et suivre le petit chemin à droite qui longe la route et remonte vers le bourg. Arriver devant la « Pharmacie Simonnet » et prendre à gauche la route de Saint-Cyr (D10), où une voie piétonne sur la droite vous permettra de revenir sans encombre à votre point de départ (**D/A**).

INFOS PRATIQUES

Nous vous conseillons aussi d'emmener avec vous les cartes IGN papier au (1) : 25000 de cette randonnée. 2832E.

POINTS DE PASSAGE

D/A :km 0 - alt. 387m - Impasse à droite de la rue du Gros Chêne
1. km 0.98 - Chemin des Sermages, à gauche
2. km 2.99 - alt. 359m - D16, à gauche
3. km 4.44 - Route goudronnée, à gauche
4. km 5.13 - alt. 357m - Rue des Rotys, à droite
5. km 5.98 - alt. 360m - D16, gauche-droite
6. km 6.8 - alt. 361m - Voie verte, à gauche
7. km 9.43 - alt. 381m - Route de Cuzieu, à gauche
8. km 9.95 - alt. 381m - D1089, à droite
D/A : km 11.21 - alt. 387m - Impasse à droite de la rue du Gros Chêne

14

Depuis 2003, la Brasserie de la Loire crée et commercialise des bières artisanales singulières. Depuis 2011, elles sont toutes certifiées biologiques. C'est sous l'impulsion d'Anne-Laure Pelloux Prayer, biochimiste de formation, que la brasserie a vu le jour à Saint-Just-Saint-Rambert. On y trouve, outre les blondes, ambrées habituelles, mais néanmoins qualitatives, des bières beaucoup plus originales ; la Ramberte, bière de blé au jus de pomme et à la cardamone ou la Boulonji, bières au pain perdu Bio du boulanger d'à côté.

INFOS PRATIQUES

Mardi, jeudi – 15h - 18h
Mercredi, vendredi et samedi – 15h - 19h

CONTACT

Brasserie de La Loire
29 Chemin du Béchet
42170 Saint-Just-Saint-Rambert
brasseriedelaloire@cegetel.net
Tél. : 04 77 52 17 45
www.brasseriedelaloire.fr

UNE BIÈRE APRÈS LA RANDO ?

Ramberte

ALC | LÉGÈRE | BLANCHE | **FRUITÉE**

Servie idéalement à 5 °C, sa touche de jus de pomme et la cardamome lui confèrent un goût cidré, acidulé et fruité.
Cette bière est fraîche et légère. Le malt de blé donne à sa robe une couleur claire et un léger trouble naturel. Elle saura satisfaire le palais de celles et ceux qui recherchent une bière fine et une amertume peu marquée.

QUE FAUT-IL ABSOLUMENT RAMENER DE LA BRASSERIE ?

… À votre pote **« Zéro Déchet »** : La *Boulonji*, (boulangère en gaga stéphanois) est une ambrée légère réalisée à base de pain perdu toasté de la boulangerie artisanale bio de Patricia et David Pouilly. Cette création originale unique en France est le fruit d'une longue collaboration avec le boulanger de la commune. En effet, la brasserie récupère les invendus préalablement stockés et toastés pour être brassés.

BALADE LE LONG DU CANAL DU FOREZ

Source : DESBENOIT-Visorando

Balade dominicale très dégagée et au soleil le long du Canal du Forez.

FICHE TECHNIQUE

45.494277° / E 4.237229°

2 h 55 | 390 m

10,05 km | Facile

5 m | 2833E

DESCRIPTION DE LA RANDONNÉE

Se garer sur le parking à côté de l'Étang David à Saint-Just-Saint-Rambert.

D/A : Traverser la route et prendre le long du canal en évitant le chemin de l'Étang David repéré par un symbole poisson.

1. Traverser la route et continuer sur la même berge.

Reflet à Saint Just-Saint-Rambert.
© OT Saint-Just-Saint-Rambert

2. Au pont de pierre, traverser vers la gauche et passer sur l'autre berge. Sinon vous serez dans l'impossibilité de passer au-dessus de la rivière Le Bonson. Continuer le long du canal.

3. Après la ferme de Frécon Neuf (étang) où se trouve un petit moulin, virer à droite. Retraverser par le pont et prendre à gauche pour se trouver de nouveau sur la berge droite.

4. Traverser la départementale D102 et continuer en face sur la même berge.

5. Arriver à l'ancien pont de la voie ferrée d' Estivarelle, faire demi-tour et retourner par le même chemin pour rejoindre le parking (**D/A**).

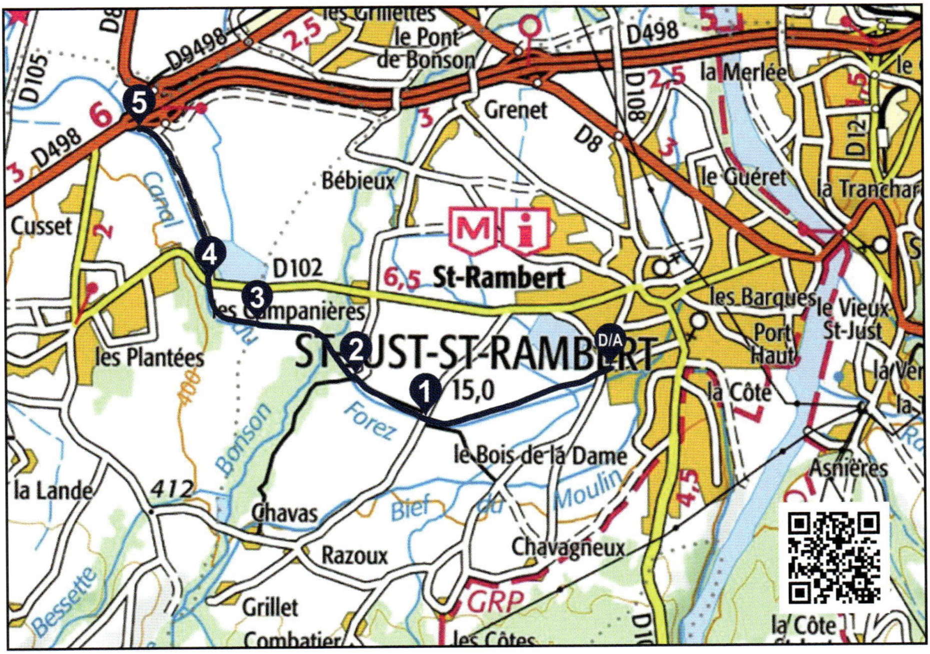

INFOS PRATIQUES

Cette balade dominicale peut être faite en famille.

Attention aux jeunes enfants car les berges du canal ne sont pas protégées.

POINTS DE PASSAGE

D/A : km 0 - Parking à côté de l'Étang David
1. km 1.49 - alt. 390m - Traversée de route
2. km 2.11 - Obligation de changer de berge
3.km 3.06 - alt. 388m - Changer de berge
4. km 3.63 - alt. 394m - Traversée de route
5. km 4.98 - alt. 390m - Demi-tour
D/A : km 10.05 - alt. 390m - Demi-tour

15 PHYLUM FUNGI

Phylum Fungi est une petite brasserie artisanale du Crêt de Roc à Saint-Étienne. Un nom, à la fois grec et latin qui rend hommage à l'élément fondamental de la fermentation spontanée, le champignon ou mycès. Cette microbrasserie travaille donc avec des levures soigneusement sélectionnées, développe ses propres souches, et permet l'élaboration de bières uniques, naturelles et sauvages.

CONTACT

Brasserie Phylum Fungi
4 rue Francis de Pressensé
42000 Saint-Étienne
brasserie@phylumfungi.com
Tél. : 07 50 03 80 93
www.facebook.com/phylumfungi

INFOS PRATIQUES

Boucle au sud de Saint-Étienne

UNE BIÈRE APRÈS LA RANDO ?

Coquecigrue - bière de blé, fermentation mixte

ALC | ACIDE | BLANCHE | ÉPICÉE FLORALE

Bière d'été par excellence, la Coquecigrue revient enfin après une longue trêve hivernale. Légèrement acide, elle rappelle certains vins blancs. Au nez, on y trouve des notes épicées et exotiques. En bouche, les caractères floraux et une acidité fine apportent une belle longueur.

QUE FAUT-IL ABSOLUMENT RAMENER DE LA BRASSERIE ?

… À votre pote qui **ne sait jamais choisir entre bière et vin** *O' Mar* est un breuvage atypique, obtenu par la fermentation d'un moût de bière sur du marc de raisin, sans pour autre levure, que celle présente sur les raisins. On obtient un liquide à la belle robe rosée. Au nez, les arômes de fruits rouges prennent le dessus. En bouche, du cassis, de la framboise, pas de pétillance mais un léger perlant. 6,5% ALC

BOUCLE AU SUD DE SAINT-ÉTIENNE

Source : Patrik Merle - Visorando

Prenez de la hauteur et admirez de magnifiques points de vue sur Rochetaillée, Saint-Étienne, Saint-Chamond et toutes les plaines avoisinantes. Ainsi, profitez du calme de la nature aux portes de Saint-Étienne, d'une flore dont les parfums vous accompagnent sur les bords du chemin sur un fond de paysages somptueux.

FICHE TECHNIQUE

N 45.41614° / E 4.410816°

4 h 55 — 987 m

12,95 km — Moyenne

430 m — 2933ET 2933O

DESCRIPTION DE LA RANDONNÉE

Se garer rue Virgile ou rue de l'Abbé Dorna. Le départ se fait devant l'auberge « La Maison » au portail rouge.

D/A : Suivre la D8 (Sud) en direction de Rochetaillée.

1. Après environ 300 m, prendre à gauche l'allée Jacques Thoinet. Passer devant l'école des arts martiaux de Saint-Étienne et continuer tout droit.

2. Au bout du goudron, prolonger par le sentier de l'aqueduc des Fontaines, le sentier de droite à la première fourche qui se présente.

3. Au croisement avec une petite route goudronnée, continuer tout droit.

4. Retrouver la D8 et la suivre dans le prolongement (Est). Aller jusqu'au château de Rochetaillée.

5. Tourner à gauche, emprunter la route des Écheneaux. Face au parking, prendre la route du Mas à droite. Poursuivre jusqu'au lieu-dit Le Breuil.

6. Dans le hameau, tourner à droite. Au bout du goudron, prolonger par le sentier en face.

7. À la fourche, prendre le sentier de gauche et continuer. Ignorer un départ sur la gauche.

8. À la fourche suivante, suivre la direction de La Driguière à droite.

9. À La Driguière, prendre le chemin Victor Jourjon à droite qui mène à Charteloup.

10. Arriver à Charteloup, quitter le chemin Victor Jourjon puis continuer par le sentier à droite. Ignorer un départ à droite qui descend vers le ruisseau. Descendre sur le sentier rocailleux et pentu avec prudence.

5. Au pied du château, se diriger vers la place de la mairie puis monter les escaliers qui mènent à l'église. Traverser la place de l'église puis descendre les escaliers pour arriver sur un parking. Le traverser et rejoindre la route qui monte au cimetière. Longer le cimetière côté gauche jusqu'à la fin de la route.

11. Prendre le chemin sur la droite et continuer. Ignorer les départs sur la gauche. Admirer le panorama à droite.

12. Passer la barrière destinée aux véhicules. Après une centaine de mètres, virer à droite, rejoindre la rue du Dr Paul Michelon. Passer devant l'école de police canine puis devant la maison rurale et familiale de Saint-Étienne.

13. En bas de la rue Michelon, au niveau du stade, tourner à gauche, rue Virgile. Passer devant le lycée Benoit Fourneyron.

Passer sous l'école de la Réjaillère. Continuer tout droit et redescendre un peu. Au croisement avec la rue Abbé Dorna, virer à gauche pour retrouver le point de départ (**D/A**).

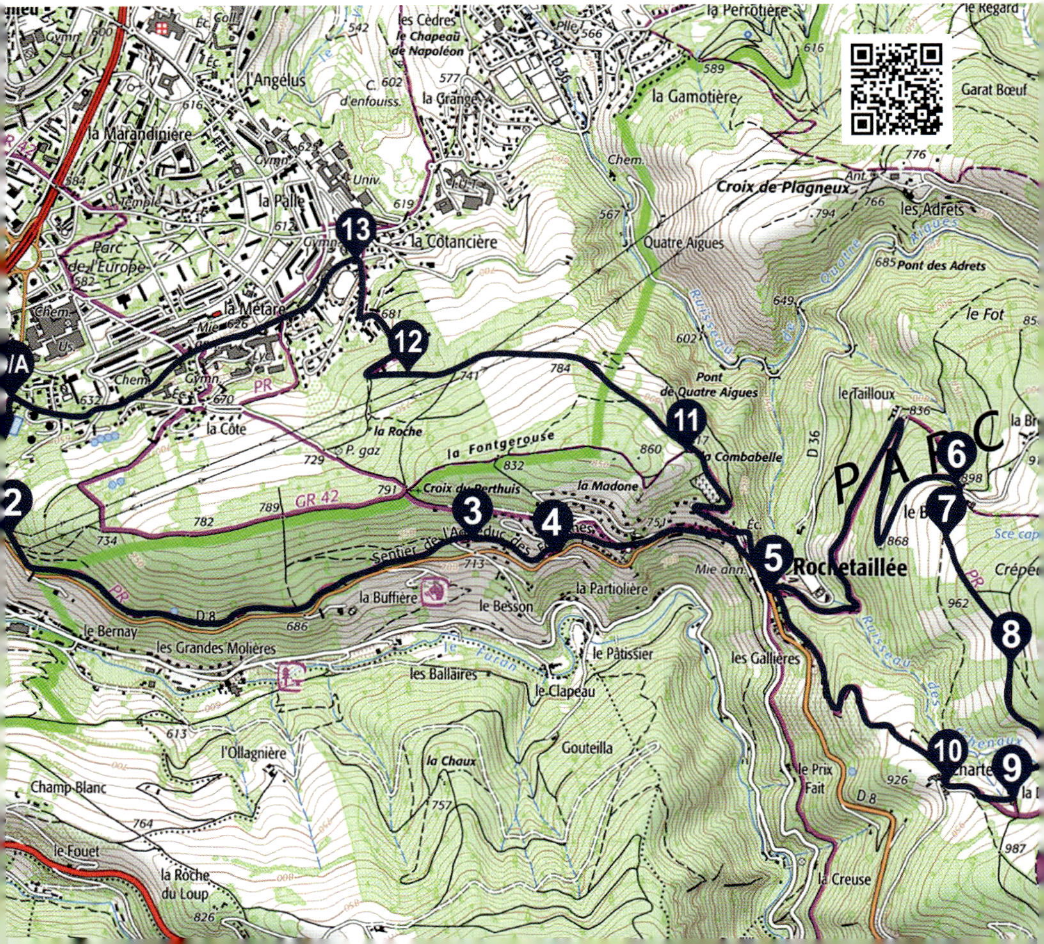

INFOS PRATIQUES

Point d'eau à l'entrée de Rochetaillée.

POINTS DE PASSAGE

D/A : km 0 - alt. 617 m - Stationnement
1. km 0.28 - alt. 629 m - Allée Jacques Thoinet
2. km 0.59 - alt. 650 m - Sentier de l'aqueduc des Fontaines
3. km 2.43 - alt. 733 m – Rochetaillée, croisement
4. km 2.86 - alt. 730 m - Route D8
5. km 3.82 - alt. 769 m - Château de Rochetaillée
6. km 5.91 - alt. 905 m - Le Breuil
7. km 6.11 - alt. 931 m - À droite à la fourche
8. km 6.63 - alt. 987 m - Fourche
9. km 7.24 - alt. 957 m - La Driguière
10. km 7.55 - alt. 922 m - Charteloup
11. km 9.53 - alt. 815 m - Fin de route après le cimetière
12. km 10.71 - alt. 727 m - Barrière
13. km 11.47 - alt. 643 m - Rue Virgile
D/A : km 12.95 - alt. 617 m - Stationnement

À PROXIMITÉ

Le château de Rochetaillée

Construit sur une crête qui culmine à 750 m d'altitude, le château de Rochetaillée domine la ville depuis le XIe siècle. Construit dans un but défensif, il permettait de contrôler les routes et les cols en zones frontalières du comté de Forez. La structure fortifiée témoigne d'un élan de construction de donjons au XIe siècle ainsi que d'un processus de militarisation par ces quatre tours, dont trois subsistent à ce jour. Grâce à des travaux de rénovations entrepris en 1998, le château est aujourd'hui ouvert aux visites.

Barrage de Soulange, Saint-Chaumond © Thibult Christin

16 OUROBOROS

BRASSERIE ARTISANALE

Depuis 2012, Gus, naviguant entre l'Allier et la Bretagne, s'est employé à produire chez les autres, multipliant les rencontres et les découvertes alchimiques de l'orge fermenté. Depuis 2016, la brasserie Ouroboros a posé ses valises à Freycenet-La-Tour, dans une ancienne usine de dentelle transformée en Salaison. Brasserie en perpétuel mouvement, et en quête d'harmonie organoleptique, elle s'évertue à chercher, expérimenter et créer des bières où amour, violence et folie bousculent les codes de la bière industrielle insipide.

INFOS PRATIQUES

Espace vente ouvert temporairement à Lantriac, ancienne usine Boissy, 23 route de Laussonne, les premiers et seconds vendredis de chaque mois de 16h à 18 h 30 !

CONTACT

Brasserie Ouroboros
8, route des Barthes
43150 Freycenet-La-Tour
www.ouroboros.beer/FR
Tél. : 07 84 08 63 62

UNE BIÈRE APRÈS LA RANDO ?
Ikebana, India Pale Ale

L'Ikebana est le nom de l'art japonais de la composition florale. Appliqué à la bière, le résultat est une IPA légère, savant mélange de saveurs fleuries de multiples houblons. Bière puissante et équilibrée.

QUE FAUT-IL ABSOLUMENT RAMENER DE LA BRASSERIE ?

… À votre pote fan de **Jean de La Fontaine** *Sang des Muses*. Ronde, torréfiée, et cependant légère, avec des arômes fleuris provenant du houblon "Mandarina Bavaria" et du fruit du sacrifice des muses...

… À votre pote qui **qui s'y connaît en mythologie** *Phøenix* est une Pale Ale redoutablement équilibrée amenant des notes agrumes et herbacés.

LA GAGNE ET SES AFFLUENTS DEPUIS MONTUSCLAT

Source : Laurent Carraro-Visorando

Le chemin part du très joli village de Montusclat et ondule le long des coteaux, en traversant quelques affluents de la Gagne. Il traverse à deux reprises cette rivière à proximité de Saint-Front avant de rejoindre le plateau.

Le plateau offre de très belles perspectives sur le Massif du Mézenc et, lorsque le temps s'y prête, sur les Alpes. Il se termine par une descente à travers prés jusqu'à Montusclat.

FICHE TECHNIQUE

N 45.013886° / E 4.12531°

5 h 45 — 1 160 m

16,79 km — Moyenne

384 m — 2835OT, 2836OT

DESCRIPTION DE LA RANDONNÉE

Départ à proximité du four à pain au centre du village (parking facile).

Balisage PR® jaune

D/A : Rejoindre au Sud l'église et la contourner en la laissant à main gauche.

Vue de la brasserie Ourobouros

Suivre une ruelle qui file vers le ruisseau de Montusclat. Traverser un pont (**1**) et prendre la piste sur la droite qui longe le ruisseau (ne pas suivre la route). La piste monte légèrement et se transforme en large chemin qui serpente entre prés et bois.

2. Le chemin vire fortement à gauche et monte immédiatement de manière plus forte.

Au sortir des bois, le chemin s'aplanit et s'élargit. Parvenir ainsi au hameau de Pouzol Vieux. Rejoindre la route sur quelques mètres puis arriver à un four à pain.

3. Tourner immédiatement à gauche sur un chemin qui passe rapidement devant des *bachats* (nom local des abreuvoirs).

Le chemin rejoint la route vers une sculpture en fer un peu énigmatique.

4. Monter ici le chemin sur la gauche, rejoindre une petite route et la suivre à droite.

5. Au croisement devant une autre sculpture en fer, nommée « le Périscope » qui permet de voir les sommets alentours, prendre la route à droite jusqu'à un croisement.

6. Descendre sur la route à droite, obliquer à droite à la patte d'oie et rejoindre le hameau de Pouzol Jeune (bâtiments agricoles).

Juste avant de traverser le Ruisseau du Cros, passer devant le départ du sentier qui mène à la maison forte de Pouzol Jeune, très belle construction malheureusement abandonnée.

7. Continuer tout droit. La route continue et se transforme en piste large pour passer à proximité de la ferme isolée d'Auriac. La piste se transforme ensuite en route et mène au bas du hameau de Couteaux.

8. Suivre la route à droite qui traverse la Gagne et prendre la route à gauche qui remonte le cours de la rivière.

9. Virer dans un chemin à gauche qui traverse un pont (observer après le pont le moulin ruiné et son réservoir encore en très bon état). Le chemin monte rapidement, passe au milieu des éboulis de lave pour parvenir au hameau de la Rochette.

Le chemin se transforme en route et conduit aux fermes des Gaux et de Sioulac. Juste avant, tourner à gauche à 90° et prendre un chemin qui rejoint les hauts du hameau de Couteaux déjà traversé et se transforme en piste.

10. Après une maison avec une entrée en pierre, prendre un chemin qui monte sur la droite.

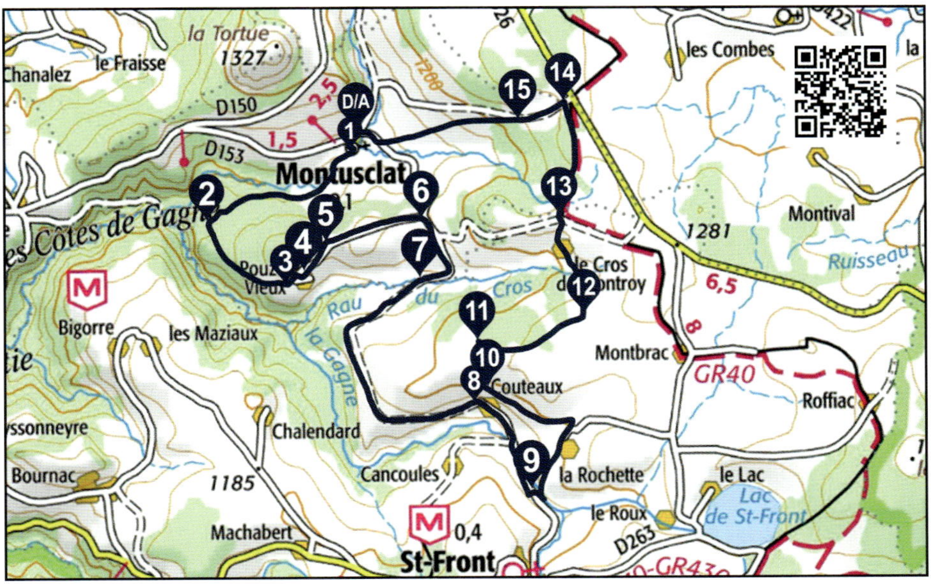

Maison couverte en lauzes, Montusclat © Ricohplio

Suivre ce chemin, rejoindre le plateau et une lisière de bois, sans oublier de se retourner pour profiter de la vue sur le plateau et le Massif du Mézenc.

11. Prendre le chemin à droite qui continue en lisière pour parvenir au milieu des prés à un croisement de chemins qui sont tous balisés jaune.

12. Prendre le chemin à gauche qui descend pour rejoindre le hameau du Cros de Montroy, protégé par sa position des vents du plateau. Remonter tout droit par la route d'accès pour parvenir à un croisement de routes.

Balisage GR®40 blanc et rouge

13. Prendre en face le GR® qui serpente entre bois et prés et rejoint une piste à proximité de la route.

Hors balisage

14. Ne pas rejoindre la route mais tourner à gauche sur la piste qui, très vite, entame une descente. Observer sur la droite la ferme isolée du Single, bien nommée ! La piste descend tout droit.

15. Au moment où la piste vire à droite, continuer en face sur un chemin qui continue, descendre tout droit jusqu'au village de Montusclat. Une fois parvenu à la

INFOS PRATIQUES

Entre le (1) et le (13), le balisage jaune concerne plusieurs PR®.

POINTS DE PASSAGE

D/A : km 0 - alt. 1057m - Montusclat
1. km 0.24 - Prendre chemin à droite après le pont
2. km 1.97 - alt. 1045m - Virage à gauche
3. km 2.99 - alt. 1108m - Pouzol Vieux, four à pain
4. km 3.15 - Pouzol Vieux, sculpture métallique
5. km 3.51 - alt. 1143m - Sculpture en fer
6. km 4.44 - Croisement, descendre à droite
7. km 5.33 - alt. 1108m - Départ sentier vers Maison Forte de Pouzol Jeune
8. km 8.01 - Couteaux, suivre la route à droite
9. km 9.08 - Prendre à gauche vers pont sur la Gagne
10. km 10.95 - alt. 1186m - Quitter piste, prendre chemin montant à droite
11. km 11.54 - Lisière de bois, virer à droite
12. km 12.62 - alt. 1257m - Croisement de chemins, prendre à gauche
13. km 13.59 - Jonction avec le GR, prendre en face
14. km 14.72 - alt. 1282m - Piste, prendre à gauche
15. km 15.2 - Quitter la piste, prendre chemin en face
D/A : km 16.79 - alt. 1057m - Montusclat

route, rejoindre le point de départ (D/A) en empruntant celle-ci sur la droite après avoir traversé le ruisseau.

À PROXIMITÉ

D/A Montusclat comporte une très belle église romane ainsi que quelques maisons de maître, anciennes maisons de notaires royaux datant de la fin du XVIe siècle et du début du XVIIe siècle. L'une d'entre elles est située face à l'église et l'autre à quelques mètres en s'éloignant de l'église.

5. Une fois arrivé au « Périscope » on peut prendre le chemin à gauche qui mène à l'Oratoire Saint-Joseph et au pèlerinage de Notre-Dame de l'Étoile.

17 L'AGRIVOISE

Cela fait dix ans que Baptistine et Xavier brassent des bières de caractères qui, pour la plupart, sont bien houblonnées : Vue sur l'amer (IPA), L'Amère Noire (Black IPA), Humulupucienne (Session IPA), Les échappées (bières éphémères : APA, IPLager, RYE IPA), et bien d'autres. La brasserie dispose également d'une taverne. Les jours et horaires d'ouvertures diffèrent d'un mois à l'autre, il est conseillé de vérifier les horaires sur internet.

CONTACT

Brasserie L'Agrivoise
15 chemin de Pontardieu
07320 Saint-Agrève
brasserie@lagrivoise.fr
Tél. : 04 75 30 70 76
https://lagrivoise.fr

INFOS PRATIQUES

De janvier à juin et de septembre à décembre :
Dimanche et lundi : Fermé
Mardi, mercredi, jeudi : 8h - 17 h 30

Vente à emporter :
Vendredi et samedi : 15h-21h
Bar et vente à emporter

Juillet et août :
Du lundi au jeudi : 10h-20h
Vendredi et samedi : 10h-22h
Dimanche : 11h-20h

UNE BIÈRE APRÈS LA RANDO ?

L'humulupucienne, Session IPA

ALC DOUCE BLONDE FLORALE

Cette bière est une bière parfaite pour clore une randonnée. Bière légère, pour autant corpulente elle surprend par sa longueur en bouche. Les notes de sureau et de sauge subliment sa robe légèrement trouble et crémeuse.

QUE FAUT-IL ABSOLUMENT RAMENER DE LA BRASSERIE ?

… À votre pote qui a des **démêlés avec la justice**. *Les échappées* est une gamme éphémère de la brasserie, proposant des bières qui mettent en avant un houblon en particulier

… À vos grands-parents **fans de Julien Lepers** ? *L'amère Noire* est une black I.P.A qui doit son nom à la Manche, enfin la Méditerranée, ou plutôt la Mer Rouge. Enfin celle dont parle souvent Jacques Brel dans ses chansons… Vous voyez ?

Vers le Chateau de Rochebonne © Paul Barry

LES RUINES DU CHÂTEAU DE ROCHEBONNE

Source : Paul BARRY-Visorando

Randonnée qui commence tranquillement en fond de vallée en suivant une ancienne voie de chemin de fer. Puis grimpe vers un éperon rocheux où trônent les ruines du Château de Rochebonne. Et comme si les ruines de ce château ne suffisaient pas, l'ensemble des grands sommets de l'Ardèche (Mézenc, Gerbier des Joncs) s'offrent à vos yeux tout au long de la randonnée.

FICHE TECHNIQUE

N 44.937926° / E 4.375701°

3 h 25 — 700 m

8,75 km — Facile

388 m — 29360

DESCRIPTION DE LA RANDONNÉE

Parking de la maison de retraite à Saint-Martin-de-Valamas.

D/A : Face à la maison de retraite, suivre à droite l'ancienne voie ferrée. Passer l'ancien pont et juste après une maison sur la droite, rejoindre le GR420A (panneau indicateur Rochebonne).

Balisage GR420A (blanc et rouge)

1. Le suivre à gauche en sous-bois et commencer à monter. Continuer sur ce sentier jusqu'à une petite route.

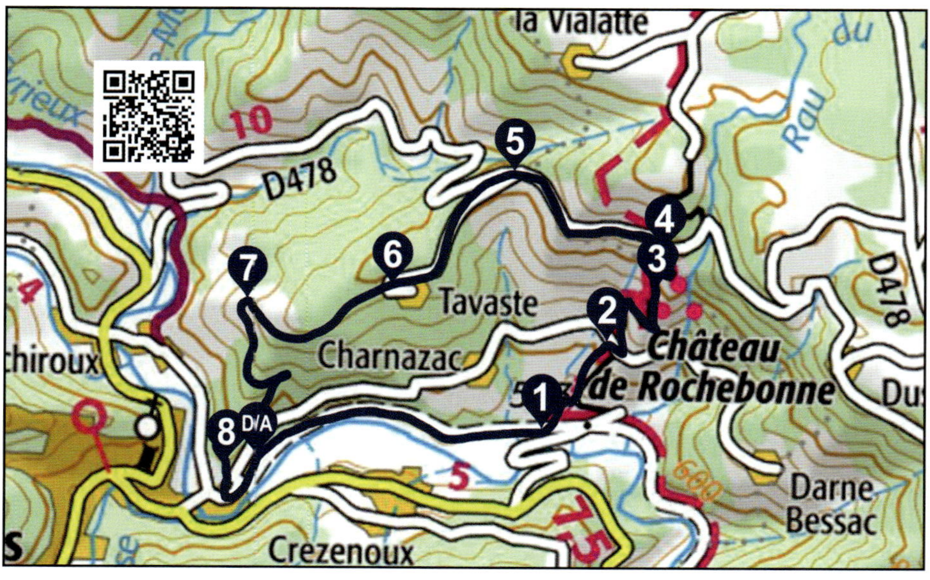

2. La suivre par la droite sur 100 m et prendre le chemin qui part sur la gauche juste avant Nant Paillez. À une bifurcation au niveau d'un petit ruisseau, continuer par la droite puis suivre une orientation nord.

3. Arriver à une fourche au pied du château, continuer par la gauche pour contourner le château et le voir par l'extérieur. Rejoindre le sentier de la variante et poursuivre à gauche jusqu'à la table d'orientation.

Hors balisage

4. À la table d'orientation, suivre la route D478 par la gauche jusqu'à un croisement avec une petite route (présence de panneau).

5. Prendre cette petite route sur la gauche en direction des Blaches.

6. Dans le virage en épingle avant les Blaches, prendre le chemin qui part à droite et suivre la branche de gauche à la patte d'oie.

7. Au niveau d'une prairie, partir sur la gauche par un sentier peu visible au début qui descend et rejoint un chemin bien tracé. Aux deux fourches suivantes, continuer à descendre par la gauche.

8. Juste avant l'arrivée au village, le chemin tourne à droite (contrairement à ce qui est indiqué sur les cartes). Juste après ce lacet, quitter le chemin pour rejoindre la route en contrebas. Suivre cette route à gauche pour revenir sur le parking du départ (D/A).

Chateau de Rochebonne © Paul Barry

INFOS PRATIQUES

Variante : 3. Bifurquer par la droite pour passer par le château de Rochebonne. Les deux itinéraires se rejoignent un peu avant la table d'orientation.

POINTS DE PASSAGE

D/A : km 0 - Parking près de la maison de retraite
1. km 1.62 - alt. 511m - Jonction GR420A
2. km 2.42 - alt. 636m - Route à suivre sur 100 m
3. km 3.31 - alt. 777m - Au choix : à droite ou à gauche
4. km 3.86 - alt. 880m - Table d'orientation
5. km 4.9 - alt. 819m - Direction les Blaches
6. km 5.88 - alt. 790m - À l'épingle, à droite
7. km 6.84 - alt. 704m - Descendre par la gauche
8. km 8.21 - alt. 554m - À gauche juste après le lacet
D/A : km 8.75 - Parking près de la maison de retraite

À PROXIMITÉ

Au niveau du 1. il est possible de louer des vélos à roues pour deux ou quatre personnes afin de se promener sur l'ancienne voie ferrée.

18

La Brasserie Artisanale de la Vieille Mule propose depuis 2013 des bières BIO alliant saveurs des malts et aromatiques des houblons. Située au Poët Laval en Drôme Provençale, la brasserie est ancrée dans le territoire Drômois avec le souhait de fabriquer un produit local, BIO et cohérent. Une vaste gamme de bières est proposée, Blonde, Ambrée, Blanche, Hoppy, Saison, Harvest, Oatmeal Stout & Pale Ale, IPA, Double IPA, Sour ou encore des bières vieillies en barriques. La visite de la brasserie et de la houblonnière BIO (0,5 ha) est possible sur demande, le lieu propose de mai à septembre un jardin ombragé pour déguster des bières fraîches et profiter des mets du fournil BIO voisin.

INFOS PRATIQUES

De mai à septembre
Vente à emporter et terrasse :
Mardi à samedi 10h - 19 h 30

D'octobre à avril
Vente à emporter :
Mardi à samedi 10h - 18 h 30

CONTACT

Brasserie La Vieille Mule
25 A, chemin des Ramières
26160 Le Poët Laval
lavieillemule@gmail.com
Tél. : 04 69 26 11 62
www.lavieillemule.com

UNE BIÈRE APRÈS LA RANDO ?
La Mule tombée du Ciel, blonde spéciale

La Mule tombée du ciel est déroutante. À la fois fruitée et florale, cette bière mêle parfaitement l'orge et le blé et nous offre un bouquet houblonné équilibré sur des notes de fruits à chair blanche et de sureau. Cette bière légère conviendra parfaitement pour étancher la soif d'une marche sur les hauteurs du Poët-Laval.

QUE FAUT-IL ABSOLUMENT RAMENER DE LA BRASSERIE ?

… À votre pote **poète** *La Mule du Poète,* une Hoppy Wheat Ale légère toute en fraîcheur (houblon Cascade / Chinook).

AU-DESSUS DU POËT-LAVAL

Source : Laurent FAURE - Visorando

Randonnée au départ de Poët-Laval, offrant de vastes panoramas sur le Vercors, la Vallée du Rhône, le Nord Vaucluse. Quel plaisir quand on arrive en haut sur le plateau parmi les chevaux, la vue est sublime (les Trois Becs, Roche Colombe et le village d'Eyzahut)

FICHE TECHNIQUE

N 44.537405° / E 5.014541°

3 h 25

634 m

7,98 km

Moyenne

487 m

3038SB
3138OT

DESCRIPTION DE LA RANDONNÉE

Parking derrière le Château de Poët-Laval au-dessus du village médiéval.

D/A : Du parking, se diriger vers le cimetière et rejoindre le poteau balise Poët-Laval vieux village qui se trouve à l'angle gauche de celui-ci.

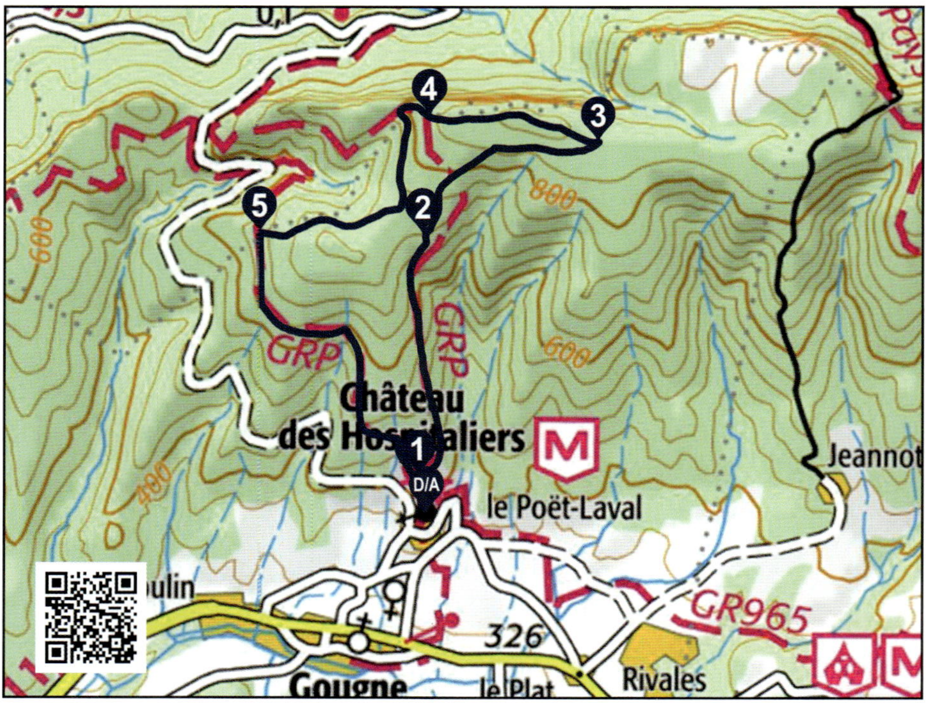

Le Poët-Laval © Bernard Delefosse

Balisage rouge-jaune

Prendre la route goudronnée qui monte à droite en longeant le cimetière direction Les Côtes. Passé le cimetière, le goudron laisse place à un large chemin stabilisé qui rejoint rapidement la balise « Les Côtes ».

1. Continuer à droite sur le même chemin, en direction du Trou du Furet en oubliant le sentier de gauche qui sera pour le retour.

Environ 100 m plus loin, quitter le chemin et partir à droite sur un petit sentier qui monte en parallèle et contourne une maison. Poursuivre la montée pendant environ 1,5 km pour arriver à une fourche.

Pas de balisage

2. Virer à droite sur la sente en suivant le panneau Les Plaines - Serre-Gros. La trace continue au Nord et s'incline nord-est au bout de 300 m.

Poursuivre sur la trace, passer une petite clairière et la longer par la droite. Un peu plus loin, traverser une petite hêtraie puis la sente s'incline à l'est. La trace devient moins visible mais une ligne téléphonique aidera à se repérer.

Lorsque la trace disparaît complètement virer à gauche dans les pâturages pour rejoindre le chemin des crêtes.

Village de Poët-Laval © Alain Ferraro

3. Suivre à gauche le large chemin des crêtes à l'Ouest. Après avoir passé le point haut (889 m), il est possible de quitter le chemin en prenant à droite pour se rapprocher des falaises et les longer (prudence). Plus bas, on retrouve un chemin.

Balisage rouge-jaune

4. Partir à droite sur le sentier à nouveau balisé. La pente s'accentue et des lapiaz remplacent la pelouse pour arriver au Trou du Furet, arche naturelle qui permet le passage d'un versant à l'autre.

Rejoindre la balise Trou du Furet à un croisement de chemins quelques mètres plus bas.

Pas de balisage officiel mais un balisage vert fluo à la bombe

Prendre le petit sentier qui part le plus à gauche marqué d'une croix qui descend franchement au début. Il part ensuite à flanc de montagne pendant plus de 600 m jusqu'à une fourche signalée par un cairn (non marquée sur la carte).

Virer à droite en suivant la trace bien visible, plus ou moins à plat en forêt puis en pente plus accentuée avant d'arriver à un croisement en T.

Balisage rouge-jaune

5. Prendre à gauche sur ce bon sentier qui retrouve le balisage. La descente est très

progressive et agréable au début, puis le chemin s'empierre par moments. Plus bas la trace serpente en forêt puis s'empierre à nouveau en longeant des murs de pierre sèche et aboutit au croisement Les Côtes.

1. Partir à droite sur le chemin pour retrouver le cimetière et le parking (D/A).

À PROXIMITÉ

Au départ de la randonnée, visite du vieux village du Poët-Lavalet de son château médiéval.

INFOS PRATIQUES

Ce parcours comporte beaucoup de sentiers non balisés, il est donc réservé à des randonneurs aguerris.

POINTS DE PASSAGE

D/A : km 0 - alt. 391m - Parking du château
1. km 0.17 - alt. 417m - Les Côtes prendre à droite
2. km 1.64 - alt. 706m - Virer à droite
3. km 3.03 - alt. 866m - Virer à droite sur le chemin
4. km 4.08 - alt. 833m - À droite sur le Chemin
5. km 5.74 - alt. 662m - À gauche sur le Chemin
D/A : km 7.98 - alt. 391m - Parking du château

19 LES GENS SÉRIEUX

BRASSERIE PÉTULANTE

Située à Crest, la brasserie des Gens Sérieux est une rencontre entre trois amis passionnés de bières et de convivialité. L'idée originelle de la brasserie était d'allier la production de bière et la production porcine, en profitant des drêches de la brasserie pour nourrir les cochons notamment. Depuis, les cochons ont disparu mais la brasserie ne cesse de confectionner des produits parfaitement maîtrisés, originaux et savoureux. La brasserie se transforme en buvette, guinguette, d'avril à octobre, proposant foodtrucks, programmation musicale éclectique et bière artisanale qualitative.

INFOS PRATIQUES

Horaires :
Du lundi au vendredi
9h - 18h

CONTACT

Brasserie Les Gens Sérieux
27 Quai André Reynier
26400 Crest
contact@lesgensserieux.fr
Tél. : 07 86 11 83 06

UNE BIÈRE APRÈS LA RANDO ?

Placide Bertrand

Sour ale légèrement houblonnée, placide bertrand est une bière parfaitement adaptée pour conclure une journée de marche. Rafraîchissante, complexe, légère, cette bière acide est une véritable réussite.

QUE FAUT-IL ABSOLUMENT RAMENER DE LA BRASSERIE ?

… À votre pote qui **rêve secrètement d'être un pirate** - *Capitaine Hadockovski Imperial Russian Stout* est une bière de dégustation, gourmande et octueuse. Les arômes torréfiés, de chocolat et de café laissent place à une bouche complexe et chaleureuse. Bière ronde, soutenue par un taux d'alcool plus élevé, le Capitaine vous conduira dans les abysses de la bière noire.

LES HAMEAUX DE L'ESCOULIN ET D'EYGLUY

Source : Wingardium - Visorando

Dans la région du Diois, parcourez les chemins des hameaux d'Eygluy qui signifie « montagne de l'aigle » et de l'Escoulin. Autrefois séparées, ces communes situées sur deux vallées parallèles ont fusionné en 1971 pour donner Eygluy-Escoulin. Tout au long du parcours, admirez le panorama sur les montagnes et les sommets du Sud-Vercors et profitez d'une petite pause pour découvrir le patrimoine local.

FICHE TECHNIQUE

- N 46.105796° / E 6.686054
- 4 h 40
- 1 295 m
- 10,11 km
- Moyenne
- 748 m
- 3530ET
  3530ETR

DESCRIPTION DE LA RANDONNÉE

Depuis Crest et Blacon, aller à Beaufort-sur-Gervanne. Au rond-point dans le village, prendre à droite vers Eygluy-Escoulin. Environ un kilomètre plus loin, après être passé sur un pont à droite, aller tout droit en direction d'Escoulin. Dans le hameau de l'Escoulin, se garer sur le parking à droite, face à la mairie, au bord de la Sépie.

D/A : Revenir en arrière sur la D712 sur environ 400 m.

1. Quitter la D712, emprunter la passerelle à gauche qui traverse la Sépie. Suivre la piste par la gauche, gravir la montée sur environ 2 km jusqu'au col de Fonteuse.

Ignorer les sentiers et chemins à droite ou à gauche. Après deux lacets, poursuivre sur la piste direction sud jusqu'au col de Fonteuse matérialisé par une placette goudronnée (pas de panneau).

2. Prendre la route goudronnée à droite (D590A) dont le départ est encadré par une barrière à droite et une boîte aux lettres à gauche. Suivre cette route, en montée sur les 100 premiers mètres, puis en descente jusqu'à la D590 sur environ 2 km.

Ignorer les départs de chemins non revêtus à droite et à gauche. Arriver sur la D590.

3. Prendre à droite vers le hameau d'Eygluy. Le traverser et continuer la montée tout droit sur la route principale jusqu'au col de Véraut (panneaux sous l'abri « bibliothèque » à droite après la chapelle). Arriver au col de Véraut.

4. Prendre à droite et environ 10 m plus loin, suivre la piste à gauche en légère descente.

La suivre jusqu'aux premières maisons où elle devient alors goudronnée. Arriver sur la D172 qui mène à L'Escoulin.

5. Suivre cette route sur environ 600 m.

6. Au carrefour, prendre à gauche vers l'église. Suivre cette route à la montée. Après environ 1 km, au carrefour suivant, continuer par la droite (panneau « Église »).

7. Arriver à l'église de l'Escoulin. Visiter puis continuer tout droit sur un sentier caillouteux qui descend vers la route départementale (marques jaunes).

8. Arriver sur la D172 et la suivre par la gauche jusqu'à la mairie (**D/A**).

Le détour par la chapelle de l'Escoulin est facultatif. Dans ce cas, une fois arrivé sur la route au point (**5**), la suivre par la droite pour rejoindre directement le stationnement en ignorant le point (**6**).

INFOS PRATIQUES

Plusieurs points d'eau : Au départ, un robinet sous le préau à gauche de la mairie de L'Escoulin. À Eygluy, une fontaine à eau sous l'abri après la chapelle.

Fléchage et balisage peu marqués.

POINTS DE PASSAGE

D/A : km 0 - alt. 512 m - Stationnement
1. km 0.41 - alt. 500 m - Passerelle à gauche
2. km 2.79 - alt. 819 m - Col de Fonteuse (817 m)
3. km 5.23 - alt. 597 m - Carrefour d'Eygluy
4. km 6.18 - alt. 699 m - Col de Véraut (690 m)
5. km 7.97 - alt. 489 m - Route D712
6. km 8.6 - alt. 495 m - Bifurcation
7. km 9.91 - alt. 579 m - Église Saint-Pierre de Sépie
8. km 10.27 - alt. 495 m - Route D712
D/A : km 11.08 - alt. 512 m - Stationnement

20

Fondée officiellement en 2020, Après l'Orage est une brasserie coopérative créée autour de la passion de la bière, de la musique et de l'envie de faire partager des produits vertueux au plus grand nombre, par le biais d'un cahier des charges très précis ; malts et houblons bio et locaux pour une très grande majorité, Après l'Orage se compose de Martin, Nina et Maxime, qui, au travers d'expériences diverses et variées, ont trouvé une manière d'exprimer tous leurs savoir-faire.

INFOS PRATIQUES

Horaires d'ouverture :
Du lundi au jeudi : 9h - 17h
Vendredi : 9h - 16h
Samedi et dimanche : Fermé

CONTACT

Brasserie Après L'Orage
795 Chemin de Chandillon
26150 Die
brasserieapreslorage@gmail.com
Tél. : 06 88 85 79 78 / 06 89 77 06 28 /
06 64 68 78 01
https://apreslorage.fr

UNE BIÈRE APRÈS LA RANDO ?

Session IPA

Bière ultralégère et ultradésaltérante, la session IPA déploie toute une palette d'arômes autour des fruits exotiques. Légère, accessible, la session IPA est parfaite pour clôturer une belle balade dans le Diois.

QUE FAUT-IL ABSOLUMENT RAMENER DE LA BRASSERIE ?

... à votre pote qui **ne jure que par les whiskys tourbés** La *RED IPA 6,5°* est une bière ambrée généreuse à la robe rouge. Les malts lui confèrent des notes subtiles de biscuit et de caramel tandis que les houblons offrent une amertume propre aux saveurs légèrement boisées ainsi que des notes florales, citronnées et pamplemousse.

AUTOUR DE LA DENT DE DIE PAR LE COL DES BACHASSONS

Source : Lori'rando - Visorando

Sur le haut plateau du Vercors, découvrez la vallée de Die entourée de vignes et de coteaux. Faites le tour de la Dent de Die et parvenez au col des Bachassons pour admirez un panorama exceptionnel sur les cols de Siray (1 578 m) et de Vire Sac (1 365 m). Enfin, longez les falaises de Plautret et profitez de la beauté des chemins bordés d'une faune et d'une flore variées.

FICHE TECHNIQUE

- N 44.80654° / E 5.44656°
- 6 h 35
- 1 662 m
- 13,31 km
- Difficile
- 984 m
- 3136ET 3237OT

DESCRIPTION DE LA RANDONNÉE

Le point de départ se trouve presque au bout de la route forestière de Chabrinel. Depuis Die, prendre la direction de Romeyer (D742). Traverser le village, passer les plateaux puis continuer jusqu'à la route forestière. Monter en lacets jusqu'au parking.

D/A : Tout droit, suivre la route forestière du Chazeaux, passer la barrière puis obliquer à gauche au virage en lacet. Atteindre le carrefour du lieu-dit les Drayes.

1. Quitter la route forestière, monter à droite dans le sentier. Le conserver en délaissant tous les départs de droite et de gauche. Après quelques lacets, atteindre le Pas de Pillouse.

2. Poursuivre et atteindre rapidement le carrefour du col de Vire-Sac.

3. Obliquer à droite, pour redescendre par un sentier en balcon. Passer à proximité de la Fontaine de Vire-Sac. Poursuivre la descente jusqu'au carrefour des Charbonnières.

4. À gauche, débuter l'ascension du col des Bachassons (partie difficile). Attention, en arrivant sous les falaises, le sentier se perd un peu et serpente dans le pierrier. Atteindre le col des Bachassons.

Plaine de la Queyrie, Hauts-plateaux du Vercors © Steynard

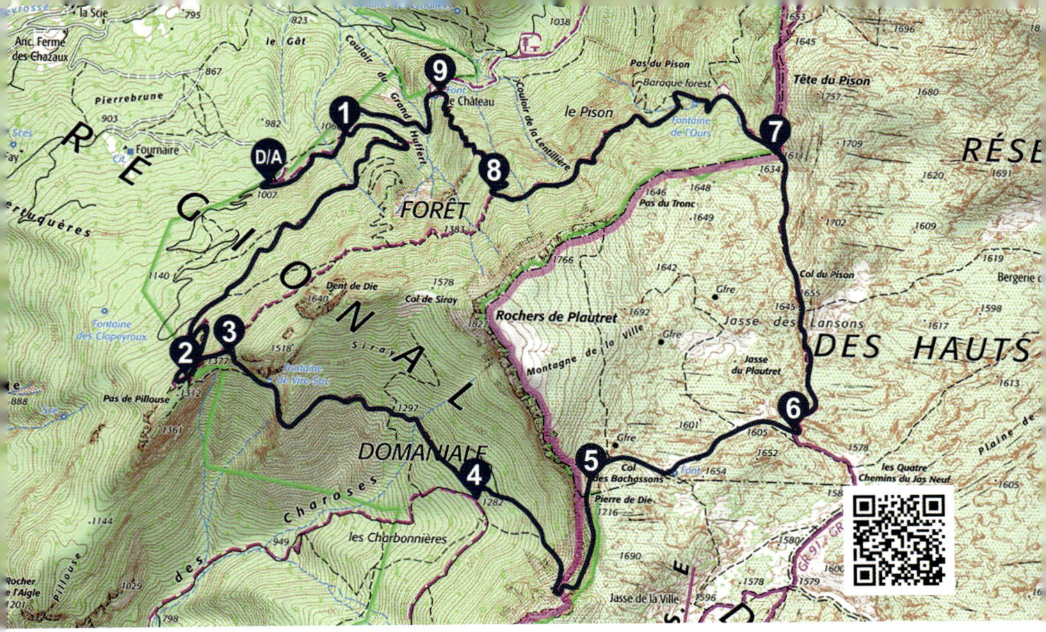

5. Suivre le sentier en légère descente vers l'est puis rejoindre le GR®93.

6. Prendre le GR®93 à gauche, balisage blanc et rouge. Traverser la jasse des Lansons, passer le col du Pison puis arriver au carrefour du Pison.

7. Quitter le GR® et descendre le sentier de gauche. Longer l'abri du Pison puis rejoindre le carrefour de Lentillière.

8. Obliquer à droite, poursuivre la descente par un long sentier en lacets. Arriver au carrefour de la maison forestière du château.

9. Prendre à gauche la route forestière puis retrouver le carrefour initial des Drayes emprunté à l'aller.

1. Reprendre le chemin en sens inverse de l'aller pour regagner le parking de la route de Chabrinel (D/A).

POINTS DE PASSAGE

D/A : km 0 - alt. 997 m - Parking
1. km 0.67 - alt. 1 068 m - Les Drayes, carrefour
2. km 3.18 - alt. 1 312 m - Pas de Pillouse
3. km 3.41 - alt. 1 342 m - Col de Vire Sac
4. km 5.16 - alt. 1 272 m - Les Charbonnières
5. km 6.64 - alt. 1 649 m - Col des Bachassons
6. km 7.8 - alt. 1 606 m - GR®93
7. km 9.2 - alt. 1 614 m - Le Pison
8. km 11.11 - alt. 1 417 m - Lentillières
9. km 11.95 - alt. 1 043 m - Le château
D/A : km 13.31 - alt. 999 m - Parking

INFOS PRATIQUES

Entre (5) et (6) : Point d'eau entre le col des Bachassons et le GR®93. Attention, l'itinéraire traverse le Parc Naturel des Hauts Plateaux. Les chiens et la cueillette sont interdits. Plus d'informations sur le site du Parc naturel régional du Vercors.

21

La Machine est une brasserie coopérative autogérée située dans le Royans, au pied du col éponyme. Créée sous forme de SCOP, elle est dirigée en autogestion par l'ensemble des salarié.e.s. La brasserie a pour objectif non seulement de brasser des bières mais également de brasser des personnes d'horizons variés ainsi que leurs idées. Ancrée dans une démarche écologique et locale, La Machine valorise son territoire en utilisant des matières premières locales, tout en s'inscrivant dans des réseaux énergétiques durables comme Enercoop. Première brasserie « franco-zghortiote » au monde, la brasserie propose des bières ayant pour caractéristiques d'être légères, sèches (peu de sucre) et pintables (comme disent les Canadiens) ! Sylvain et Rami recherchent une buvabilité forte avec la double contrainte de convenir à un maximum de personnes tout en créant leur propre identité gustative.

Auteur : Xavier Hug

CONTACT

La Machine
177 route de Saint-Jean
26190 Saint-Laurent-en-Royans
06 79 65 30 03
contact@la-machine-brasserie.fr
https://la-machine-brasserie.fr

INFOS PRATIQUES

Horaires d'ouverture :
Du lundi au jeudi 16h - 19h
Ouverture Bar - Boutique : Vendredi de 16h à 22h

Eric Long

UNE BIÈRE APRÈS LA RANDO ?
SEGGA, Red Ale

ALC DOUCE AMBRÉE MALTÉE

Premier brasseur français à faire revivre cette recette polonaise, originalement appelée Grodziskie, du nom de la ville où elle est née : Grodzisk Wielkopolski. Cette bière entièrement élaborée à base de malt de blé fumé est une surprise dans le paysage brassicole français : un nez très fumé voire charcutier, une légèreté finement bullée pour une attaque, en bouche, plutôt acidulée. En somme, une bière très rafraîchissante, légère avec beaucoup de goût !

QUE FAUT-IL ABSOLUMENT RAMENER DE LA BRASSERIE ?

... À votre pote qui n'aime pas la bière mais qui **adore le vin** ? *Lichtenhainer* est une bière acide et fumée sur une base de froment ou d'orge fumé fermenté avec un ensemencement de levure au lactique de yaourt de chèvre du voisin ! C'est hors norme.

... À votre pote qui vit une **séparation amoureuse** ? Le coffret *À Mort L'Amour* est un triptyque de bières fumées et acides comprenant le Gratzer, le suprême Gratzer et le Smoke Wheat Wine (vin de blé fumé).

Timothée Mathelin / Futurorg.com

LA CROIX DE SAINT-LAURENT

Auteur : Xavier Hug

Cette randonnée vous fait découvrir les principales richesses du patrimoine naturel et culturel de Saint-Laurent-en-Royans. Vous découvrirez dans un premier temps les curiosités du village, puis vous vous enfoncerez en forêt pour atteindre la Croix de Saint-Laurent et son magnifique panorama sur tout le Royans.

FICHE TECHNIQUE

N 44.69069° / E 5.71011°

3 h 50	1 694 m
8,55 km	Moyenne
485 m	3237OT 3337OT

DESCRIPTION DE LA RANDONNÉE

Parking de la mairie de Saint-Laurent-en-Royans.

D/A : Au niveau du croisement entre la mairie et la poste, prendre la D 54 en direction de Saint-Jean-en-Royans (balisage jaune-vert). Après le square, tourner à gauche dans une ruelle piétonne. Contourner le cimetière.

1. À l'Arboretum, le cimetière dans le dos, prendre à gauche au Y, route de la Mucelière qui tourne à angle droit sur la gauche. Peu après, avant le lavoir, tourner à droite sur le chemin des Pies. Dans le virage, tourner à droite après la maison sur un sentier qui monte progressivement.

2. Au poteau directionnel La Carrière, bifurquer sur la gauche pour croiser la route (D 239) à descendre sur quelques mètres avant de remonter sur la droite (balisage GR 9 blanc-rouge). Le sentier débouche sur la D 2 que le GR emprunte momentanément jusqu'au carrefour du Saut.

3. À ce carrefour, tourner à droite, l'itinéraire se prolonge alors en sous-bois par un sentier en lacets qui prend progressivement de la hauteur.

Serre Châtelard, au pied Saint-Laurent- du Royans© Bastien Borras

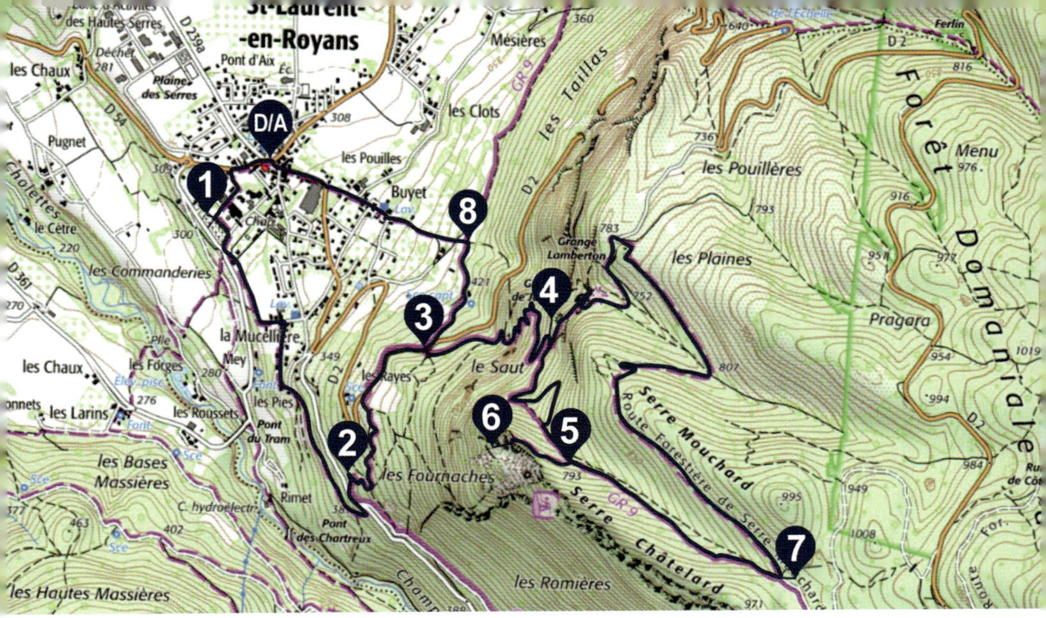

4. Au croisement de Pierre Plate, prendre à droite direction Serre Châtelard.

5. Au Y de Serre Châtelard, à la côte 793, accéder par la droite (balisage jaune) au belvédère de La Croix.

6. Un aller-retour rapide permet d'admirer la mosaïque de paysages du Royans. Revenir au Y de Serre Châtelard et continuer sur le GR 9 jusqu'à Serre Mouchard.

7. Laisser le GR 9 et poursuivre sa route plein sud. Emprunter à gauche la route forestière direction Saint-Laurent-en-Royans (balisage jaune-vert). Plus loin, tourner de nouveau à gauche (panneau directionnel) pour rallier le carrefour de Pierre Plate (**4**) (balisage GR 9 blanc-rouge). Redescendre rejoindre celui du Saut (**3**).

3. Au Saut, traverser la route pour gagner Les Rayes par un sentier en face qui passe devant une maison à main droite, puis débouche sur un verger.

8. Aux Rayes, laisser filer le GR 9 tout droit et tourner à gauche pour rejoindre le village de Saint-Laurent-en-Royans qui n'est alors plus très loin (**D/A**).

POINTS DE PASSAGE

D/A : km 0 - alt. 311 m – Parking de la Mairie
1 : km 0.50 - alt. 295 m – Arboretum
2 : km 1.78 - alt. 358 m – La Carrière
3 : km 2.72 - alt. 454 m – Carrefour du Saut
4 : km 3.85 - alt. 669 m – Pierre Plate
5 : km 4.83 - alt. 793 m – Serre Châtelard
6 : km 5.65 - alt. 1 634 m – La Croix
7 : km 6.84 - alt. 920 m – Serre Mouchard
4 : km 9.96 - alt. 669 m – Pierre Plate
3 : km 11.10 - alt. 454 m – Carrefour du Saut
8 : km 11.60 - alt. 392 m – Les Rayes
D/A : km 12.70 - alt. 311 m – Parking de la Mairie

22

GALIBIER
MOUNTAIN BREWERS

Au cœur des Alpes, à 1 450 m d'altitude, perchée en station, la brasserie Galibier est la plus haute brasserie artisanale de France. Les bières se divisent en trois gammes : les classiques (alpine, avalanche, snowball et matchut), les spéciales (powerporter, NEIPA, vermont) et les expérimentales. La brasserie du Galibier, c'est aussi et surtout une fine équipe de joyeux lurrons qui ont le sens de l'accueil et le plaisir des bonnes choses. Au détour d'une session de ski, n'hésitez pas à passer à la brasserie, elle est située dans la station de Valloire !

INFOS PRATIQUES

Horaires d'ouverture :
Jeudi à samedi :
de 16h à minuit

CONTACT

Brasserie Galibier
370 rue de la bonne eau
73450 Valloire
Tél. : 04 79 59 04 95
www.brasserie-galibier.com

UNE BIÈRE APRÈS LA RANDO ?

Alpine, American Pale Ale

4,8 %

ALC

AMER LÉGER

BLONDE

FRUITÉE

La *Galibier Alpine* est une Pale Ale, bière blonde de haute fermentation, brassée essentiellement avec du malt d'orge. Avec une amertume très légère, cette bière très désaltérante développe des notes herbacées et fruitées sur des tonalités d'agrumes. En somme, une bière parfaite pour étancher la soif après une belle marche de montagne.

QUE FAUT-IL ABSOLUMENT RAMENER DE LA BRASSERIE ?

… À votre pote **BeerGeek** ? Tout ! Surtout les séries « spéciales ». De la NEIPA, à la Vermont, en passant par la Vanilla Stout ou le Power Porter, tout y est !

… À votre pote **fan de t-shirt** de brasseries ? Le t-shirt de la brasserie.

LAC DES CERCES ET AUTRES LACS

Source : René Cuzin - Visorando

Une randonnée fantastique qui, lorsqu'il fait très beau, nous amène à contempler des paysages magnifiques parsemés de lacs aux nuances infinies de bleu.

FICHE TECHNIQUE

N 45.090134° / E 6.435684°

5 h 05

2 275 m

12,06 km

Moyenne

698 m

3435ET
3535OT

DESCRIPTION DE LA RANDONNÉE

Se garer sur le parking de Plan Lachat au bord de la route qui mène au col du Galibier (D902).

D/A : Prendre un chemin qui monte direction sud-est. Suivre la route forestière et rejoindre le hameau des Mottets, le laisser à main droite en poursuivant par un raccourci constitué par un sentier piétonnier.

1. Aux environs de la cote 2137, en dessus du hameau, un panneau donne la direction du lac des Cerces et du col des Cerces. Prendre cette direction en traversant le chemin forestier pour se retrouver sur un petit sentier de randonnée qui continue à monter (Sud-Est). Celui-ci se rapproche du ruisseau des Cerces et aborde une portion de chemin un peu moins pentue.

2. Au carrefour de sentiers (GR®57), continuer en face sur le fond de la vallée et rejoindre en quelques minutes le lac des Cerces où on peut faire une pause.

3. Partir sur la gauche et laisser alors le lac sur la droite pour entreprendre l'ascension du col des Cerces. Rejoindre le GR®57 et poursuivre la montée jusqu'au col.

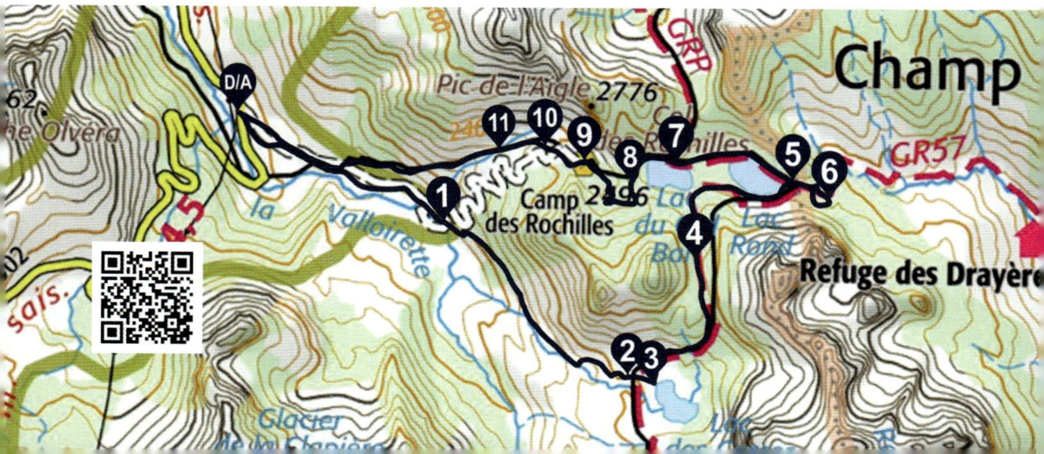

4. Redescendre sur l'autre versant du col, laisser un départ à gauche et rejoindre le lac du Grand Ban. Prendre à droite dans les pierriers un chemin qui longe le lac. Poursuivre jusqu'au lac Rond et contourner ce dernier par la droite.

5. Au bout du lac, rejoindre le Seuil des Rochilles où l'on observera la présence d'une borne Sarde (témoin d'une ancienne frontière entre le royaume de France et les États Sardes). Faire un aller-retour au lac de la Clarée qui se situe en contrebas.

6. Faire le tour du lac de la Clarée et observer sur les falaises côté Nord, d'anciennes fortifications qui faisaient partie de la ligne Maginot servant d'abris pour les canons qui défendaient la vallée.

5. Peu après le passage, au retour, de la borne Sarde, continuer Ouest-Nord-Ouest avec le Lac Rond à main gauche.

7. Au panneau « Les trois Lacs» (2470m), continuer en face sur le chemin en légère pente qui longe à son tour le Lac du Grand Ban à main gauche. Rejoindre le col des Rochilles à l'altitude de 2494 mètres.

8. Redescendre par plusieurs lacets vers le camp militaire des Rochilles.

9. Continuer par un chemin forestier jusqu'à un chalet en pierre dans un virage à gauche.

10. Quitter alors le chemin pour prendre un sentier de randonnée qui descend sur la droite (Nord-Ouest). Il est indiqué par le panneau donnant la direction « Plan Lachat par le sentier ».

11. Laisser un départ à gauche et traverser le ruisseau de la Jargette. Poursuivre sur Plan Lachat en continuant sur ce sentier orienté globalement vers l'ouest. Rejoindre alors le chemin forestier pris au départ qui conduit au parking (**D/A**).

POINTS DE PASSAGE

D/A : km 0- Parking de Plan Lachat
1. km 1.69 - alt. 2147m - Les Mottets
2. km 3.64- Carrefour de sentiers, en face
3. km 3.82 - alt. 2413m - Lac des Cerces
4. km 4.95 - alt. 2580m - Col des Cerces
5. km 6.26 - alt. 2462m - Borne Sarde
6. km 6.6 - alt. 2452m - Lac de la Clarée
7. km 7.89 - Carrefourdes 3 Lacs, en face
8. km 8.35 - alt. 2491m - Col des Rochilles
9. km 9.16 - alt. 2418m - Camp militaire
10. km 9.5 - Chalet en pierre, à droite
11. km 10 - Traverser le ruisseau de la Jargette
D/A : km 12.05 - Parking de Plan Lachat

23

BIÈRE DE LA PLAINE
LA VRAIE BIÈRE DE MARSEILLE

La bière artisanale a débarqué à Marseille le 6 Juin 2013, lorsqu'un ancien marin et un ancien pharmacien ont ouvert La Brasserie de la Plaine, la première microbrasserie marseillaise. La Brasserie de la Plaine est une brasserie artisanale de quartier qui fabrique en plein cœur de Marseille des bières savoureuses et étonnantes. Soignées et naturelles, ni filtrées, ni pasteurisées, les bières sont estampillées A.O.Q... Appellation d'Origine de Quartier !

INFOS PRATIQUES

Horaires d'ouverture :
Du lundi au jeudi 16h - 19h

CONTACT

Brasserie de La Plaine
16 rue Saint-Pierre
13006 Marseille
contact@brasseriedelaplaine.fr
Tél. : 04 91 47 32 54
www.brasseriedelaplaine.fr

UNE BIÈRE APRÈS LA RANDO ?

Houblonnée à Cru, Pale Ale

ALC AMÈRE BLONDE FLORALE

Une belle Plaine Ale blonde et fruitée à laquelle un généreux houblonnage en fin de fermentation apporte un nez flatteur et beaucoup de fraîcheur : c'est le houblonnage à cru ! Certifiée BIO.

QUE FAUT-IL ABSOLUMENT RAMENER DE LA BRASSERIE ?

… À votre pote qui **veut faire de la bière** - un cours de brassage : il s'agit de cours de brassage, mais pas d'ateliers encadrés pour fabriquer sa bière et repartir avec dans la foulée. C'est-à-dire que vous pourrez revenir récupérer quelques bouteilles du brassin commun deux mois plus tard (il faut le temps de la fermentation) mais cela ne doit pas être votre motivation principale. Considérez ce cours de brassage comme un cours de cuisine (vous verrez à quel point les deux mondes sont proches), qui vous permettra ensuite d'élaborer chez vous toutes les recettes qui vous passent par la tête…

CALANQUES, SUGITON, MORGIOU, DE LA TRIPERIE ET SORMIOU

Source : J.C.G. Visorando

Point de vue imprenable sur 4 calanques.

FICHE TECHNIQUE

N 43.230598° / E 5.43722°

5 h 25	100 m
13,47 km	Difficile
663 m	3145ET

DESCRIPTION DE LA RANDONNÉE

Départ de l'université de Luminy.

D/A : Suivre plein Sud en direction de la mer, le chemin empierré (qui se transforme tout de suite en piste) qui longe l'école d'Art et d'Architecture en direction de la calanque de Sugiton. Faire environ 1,2 km où la piste fait courbe à gauche.

1. Au carrefour en surplomb d'un vallon à droite qui descend vers la Calanque de Morgiou, continuer au Sud-Est.

2. Continuer en face en direction du col de Sugiton par une piste rejointe quelques mètres plus loin.

3. Du col, suivre la piste de droite afin de faire un aller-retour au Belvédère des Calanques. Profiter de la vue magnifique.

Le cap Morgiou vu depuis le belvédère des Calanques. © Chemin des Crêtes

4. Revenir par le même chemin en direction du col. Une cinquantaine de mètres avant celui-ci, virer à droite sur un sentier qui rejoint une piste en contrebas. Suivre celle-ci, à droite, jusqu'au bout puis poursuivre par un sentier qui longe le pied de la falaise afin de rejoindre la calanque de Sugiton.

5. Explosion de couleurs bleu, vert, émeraude. Contourner par la droite (mer à main gauche), prendre le GR®, monter l'échelle et descendre un peu plus loin une grande roche assez lisse (attention surtout par temps humide). Continuer jusqu'au port de Morgiou.

6. Contourner le port et continuer de l'autre côté de la calanque en direction de la grande bande qui s'enfonce dans la mer. Rejoindre un collet avec un carrefour à la cime d'une petite grimpette.

7. Poursuivre à gauche pour un aller et retour jusqu'au bout pour admirer la falaise de la petite calanque de la Triperie.

6. Revenir au carrefour du collet.

7. Continuer à gauche, gravir le Renard, suivre la crête et cheminer jusqu'à l'intersection du carrefour.

9. Faire une petite centaine de mètres aller-retour à gauche pour profiter de la vue sur la calanque de Sormiou. De retour, poursuivre par le sentier descendant en face.

Après un large lacet à droite, celui-ci revient sous la falaise de la crête de Morgiou. Quelques mètres après l'épingle à gauche, laisser un départ à droite et continuer le sentier qui suit une pente régulière jusqu'à la route.

10. Prendre le sentier en face puis une cinquantaine de mètres après, bifurquer à droite afin de remonter jusqu'à la crête, retrouver le chemin du départ (1) et tourner à gauche en direction de Luminy pour rejoindre le parking (**D/A**).

INFOS PRATIQUES

Important : Après Sugiton, le parcours en direction de Morgiou comporte un premier passage sur échelle qui débouche sur une anfractuosité patinée et glissante, délicate par météo humide.

Plus loin sur le chemin, un deuxième passage délicat se franchit sur une dalle inclinée qui demande au randonneur de s'employer un peu en désescalade exposée (sans possibilité de se rattraper en cas de glissade). Une grande attention est requise par temps humide (entrées maritimes ou pire, la pluie).

La suite du parcours est ensuite très facile jusqu'à Morgiou.

POINTS DE PASSAGE

D/A : km 0 - alt. 143m - Université de Luminy
1. km 0.74 - alt. 169 m - Bifurcation
2. km 1.2 - En face, direction Col de Sugiton
3. km 1.77 - alt. 216m - Col de Sugiton, à droite
4. km 2.48 - alt. 188m - Belvédère des Calanques
5. km 4.54 - alt. 14m - Calanque de Sugiton
6. km 5.99 - Contourner le port et monter de l'autre côté
7. km 6.93 - alt. 78m - Collet, à gauche
8. km 7.77 - Falaise de la calanque de la Triperie
9. km 10.05 - alt. 211m - Intersection du Carrefour
10. km 11.61 - alt. 36m - Route, sentier en face
D/A : km 13.47 - alt. 143m - Université de Luminy

La Calanque de Morgiou. © Chemin des Crêtes

24 SULAUZE

La Brasserie de Sulauze, située à Miramas près de Marseille, développe trois gammes de bières. La gamme dite « classic », la gamme « in'pression » et la gamme « sour ». Installée au sein du Domaine de Sulauze qui regroupe un domaine viticole, un gîte, un élevage de taureau, une production d'olive et une salle fénière. La brasserie produit des bières en utilisant, en partie, l'orge et le houblon plantés sur place ainsi qu'un système de chauffe au feu de bois. Sensible à l'équilibre naturel, la brasserie a trouvé place dans une bergerie vieille de 300 ans et rénovée uniquement avec des matériaux écologiques. Chaque bière, qu'elle soit une Pils rafraîchissante, une Rye IPA audacieuse, une Sour acidulée ou une création fruitée, est une invitation à l'exploration des arômes et des saveurs

CONTACT

Brasserie Sulauze
Chemin du Vieux Sulauze
13140 Miramas
bureau@brasseriedesulauze.com
Tél. : 04 69 00 15 12
www.brasseriedesulauze.com

INFOS PRATIQUES

Ouverture de la brasserie :
Lundi, mercredi, vendredi de 15h à 18h

Beergarden : Juin, juillet, août
Mardi à vendredi de 18h à minuit

UNE BIÈRE APRÈS LA RANDO ?

Goe'Illa

5,0 % ALC | AMER LÉGER | BLONDE | ACIDE

Pour les plus téméraires, la Gose'Illa est une bière idéale pour se rafraîchir après une belle balade. L'alliance du sel de Camargue et de la graine de coriandre afin d'obtenir un caractère frais, minéral et citronné.

QUE FAUT-IL ABSOLUMENT RAMENER DE LA BRASSERIE ?

… À votre pote **féministe** - *Machoman* Pour les invétérés de la bière facile après la randonnée, la Machoman sera idéale. Cette bière blanche avec du houblon Citra et ses notes d'agrumes étanchera votre soif parfaitement.

LA TOUR DES OPIES, LES ALPILLES EYGUIÈRES

Source : Bernard POPIOL-Visorando

Randonnée dans les Alpilles, départ aux arènes d'Eyguières. Départ tranquille parmi les oliviers et les cigales au pied des Opies. Vous découvrirez les anciennes bergeries de la Romarière.
L'ascension démarre par un beau chemin dans le maquis et se finit par un peu d'escalade pour terminer à la Tour de Guet où de magnifiques panoramas à 360° vous attendent. Vous pourrez aussi visiter des vestiges de villa Gallo Romaine.

FICHE TECHNIQUE

N 43.690565° / E 5.022833°

5 h 30 — 395 m

16,02 km — Moyenne

399 m — 3042OT, 3043OT, 3143OT

DESCRIPTION DE LA RANDONNÉE

D/A : La randonnée démarre sur le parking aux arènes d'Eyguières Le chemin suit au départ le GR®6. Prendre le chemin à gauche des arènes, le chemin passe entre le cimetière et les arènes. Après 100 m, laisser les chemins sur votre droite, continuer tout droit. Passer sur le pont un peu plus loin.

1. Arrivé sur la route, continuer tout droit, laisser le vallon des Glauges à votre droite.

2. À l'intersection avec la D17, prendre à droite sur 100 m, passer le petit canal des garrigues et récupérer le GR®6 à droite.

3. Suivre le GR®6 sur 4500 m, observer les Baraques à 1 km sur la droite et les ruines des bergeries de la Romanière à 2 km.

4. Passer les enclos des taureaux et prendre le chemin des Tardières (pas repéré) sur la droite. Quitter le GR®6 puis continuer tout droit en laissant le chemin à gauche à 50 m.

5. Rester sur le chemin principal sur 1000 m. À l'embranchement, prendre le chemin de droite qui rentre dans les Opies. Suivre le chemin sur 1600 m pour arriver au col repéré par un gros cairn.

6. Le chemin pour la tour de Guet part sur la droite en épingle. Attention, le chemin nécessite un peu d'escalade et peut être très glissant par temps de pluie.

7. Arriver à la tour puis faire demi-tour et revenir au col.

8. Descendre le chemin empierré sur 1000 m, prendre le chemin cairné sur la droite (apercevoir en face au loin les ruines du château de la reine Jeanne) qui descend dans la vallée.

Suivre le chemin sur 1500 m. Arriver au vallon des Glauges. Suivre le chemin en face.

9. À la barrière, pour visiter les ruines prendre le chemin sur la gauche, les ruines sont à 400 m.

Sinon suivre le chemin principal qui tourne sur la droite. Au bout du chemin prendre à droite, le chemin suit une ligne électrique.

10. À 300 m laisser le chemin des Glauges à droite. Suivre le chemin, parmi les vignes et les oliviers, et qui devient goudronné sur la fin.

Arriver sur le GR®6 (pris à l'aller), prendre le chemin du retour sur la gauche : le chemin du col du Melet (**D/A**).

INFOS PRATIQUES

Prendre de bonnes chaussures de marche. Passages difficiles pour arriver à la Tour de Guet. Déconseillé par temps de pluie et avec de jeunes enfants.

POINTS DE PASSAGE

D/A : km 0 - alt. 95m - Parking des Arènes
1. km 0.87 - Carrefour Vallon des Glauges
2. km 1.28 - intersection D17 GR06
3. km 3.07 - alt. 130m - La romanière
4. km 6 - Intersection GR6 chemin des Tardières
5. km 7.06 - intersection vers les OPIES
6. km 8.92 - alt. 348m - Col 344m
7. km 9.56 - alt. 460m - Tour des OPIES
8. km 11.15 - Intersection vers le Val de Legue
9. km 12.51 - Intersection site Gallo romain
10. km 13.15 - alt. 142m - Vignes, intersection
D/A : km 16.02 - Parking des Arènes

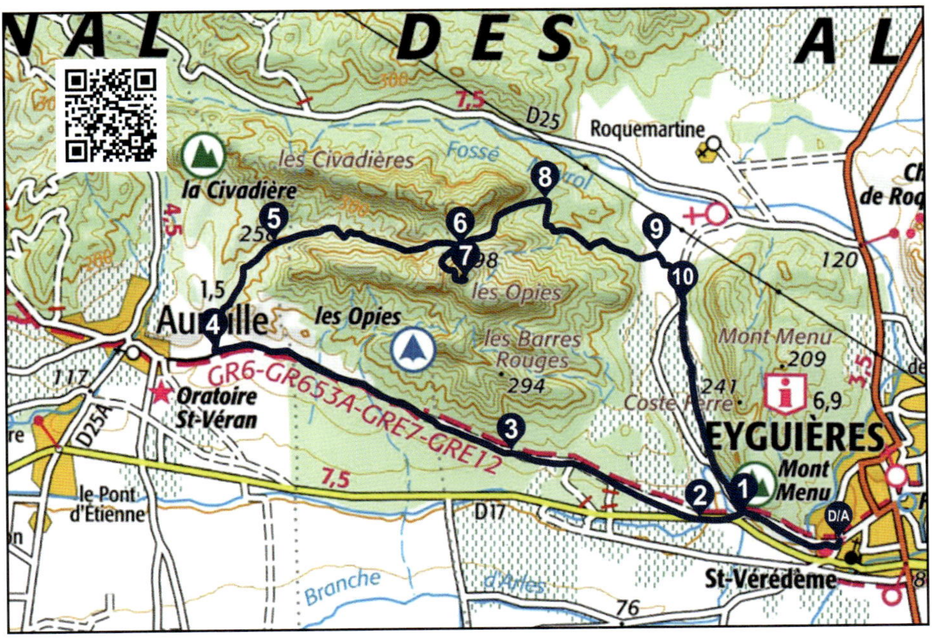

25 Brasserie artisanale nîmoise LA BARBAUDE

La Barbaude est une brasserie artisanale familiale. Ce sont deux frères qui en 2009 ont décidé de faire de la brasserie leur métier. Proche de Nîmes, la brasserie est au carrefour de différentes cultures locales : Languedoc, Cévennes, Camargue, Vallée du Rhône… Régulièrement, la brasserie présentera des bières aux teintes de ces différents terroirs.

INFOS PRATIQUES

Ouvert du lundi au vendredi :
09h - 18h
Samedi : 10h - 18h

De janvier à mars :
Fermeture le samedi 12h - 14h.

CONTACT

Brasserie La Barbaude
2 Avenue Philippe Lamour
30230 Bouillargues
Chemin des canaux - D135
contact@brasserielabarbaude.com
Tél. : 04 66 05 72 17
brasserielabarbaude.com

UNE BIÈRE APRÈS LA RANDO ?

La Sagne, Bière de Riz IGP Camargue

5,6 % ALC | AMER LÉGER | BLONDE | FLORALE

Bière blonde brassée avec un riz parfumé de Camargue (IGP). La sagne est une bière subtile, florale et équilibrée entre céréales et houblons. Très rafraîchissante, elle accompagne tous types de plats.

QUE FAUT-IL ABSOLUMENT RAMENER DE LA BRASSERIE ?

… À votre pote **fan d'Irlande** - *Maltador* - Milky Stout - 5,4% - Brassée avec 7 malts différents, cette bière brune, onctueuse, inspirée des milky stout irlandaises développe des arômes complexes de café serré, de tourbe, de chocolat, de speculoos, de mélasse, de moka, de grillé, de torréfié, avec une belle harmonie.

LES GORGES DU GARDON, DE RUSSAN À COLLIAS

Source : Laurence AGRIN - Visorando

Longue randonnée qui permet la traversée d'une partie des Gorges du Gardon, avec de très beaux panoramas sur la rivière et la découverte du site de La Baume.

FICHE TECHNIQUE

D : N 43.935223° / E 4.321997°
A : N 43.953741° / E 4.479618°

6 h 50 — 190 m

20,66 km — Moyenne

376 m — 2941OT

DESCRIPTION DE LA RANDONNÉE

1. De la place de la fontaine de Russan (commune de Sainte-Anastasie), monter par la Grand-Rue, puis à droite rue du Marellas en suivant le balisage rouge et blanc du GR® 63. La rue bifurque à gauche dans la rue du Réservoir et se poursuit par un sentier caillouteux qui monte vers les falaises surplombant le Gardon.

Russan à Collias © Laurence AGRIN

Les majestueux méandres du cours d'eau attirent l'attention. Passer sur des dalles rocheuses plates, laisser deux chemins partants sur la gauche pour continuer tout droit et descendre côté opposé dans le fond du vallon. De là, une pente raide en plein soleil monte sur le plateau.

2. Un peu avant le sommet, quitter le GR®6 qui bifurque sur la gauche pour continuer tout droit sur le chemin marqué d'une croix jaune. À partir de là, vous êtes hors balisage. Le chemin devient rapidement une petite sente qui longe la falaise. 350 m plus loin, vous arrivez à une sorte de croisement près d'un bosquet de buis.

3. Se diriger à droite sur la petite sente qui descend et vous mène à la grotte de la Trône.

Pénétrer dans cet impressionnant trou par un petit pas délicat sur du rocher patiné (attention sol glissant). Il s'agit d'un abri utilisé autrefois par les hommes préhisto-

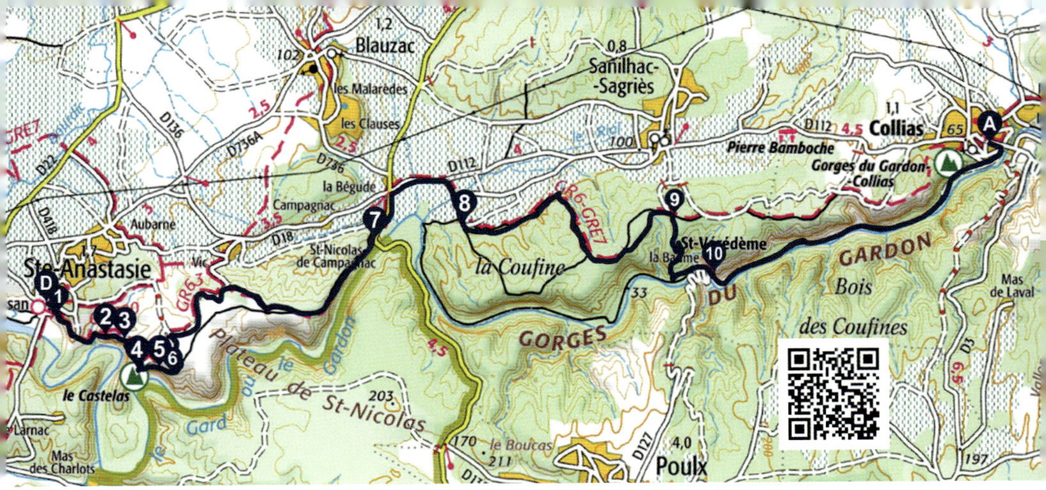

riques. Dans le boyau de gauche, remarquer une porte dont le rôle est de protéger des peintures rupestres.

Revenir sur la sente et reprendre la randonnée en continuant jusqu'au plateau, déboucher sur un sentier plus large.

4. Prendre à droite pour admirer le point de vue et lire la table explicative sur la formation des gorges, ainsi que des informations sur sa faune. Revenir sur ses pas et se diriger vers le bord de la falaise en laissant à gauche le GR® 63. Longer la falaise vers l'est (toujours hors balisage) par une petite sente pas toujours bien définie (se fier aux cairns qui jalonnent le parcours).

La sente descend légèrement, arriver à la Baume percée, observer par le haut (attention danger : risque de chute). Les grimpeurs aiment bien accéder au bas de la falaise en faisant un rappel par ce trou.

5. La sente remonte légèrement et un peu plus loin passer à côté d'un abri taillé dans la roche (on l'aperçoit à son toit bombé).

6. Poursuivre sur cette sente (cairn) qui bifurque vers le nord-est et se diriger vers un grand pin parasol isolé pour rejoindre une piste que vous suivez à gauche jusqu'au croisement avec le DFCI.

7. Tourner à droite sur le GR® 63 (DFCI B59) et laisser tous les départs de chemins à droite et à gauche, vue sur l'ensemble de l'Uzège. Au printemps, cistes, genêts, thym fleurissent dans la garrigue.

À l'intersection avec une piste, (balise Garrigues), prendre à droite, vers l'est, pour rejoindre le plateau Saint-Nicolas par le GR®6. À l'intersection suivante (balise Plateau Saint-Nicolas), continuer à gauche toujours sur le GR® 6 pour retrouver peu après les abords du Gardon en surplomb jusqu'au pont Saint-Nicolas. Un peu avant le pont, contourner la tour Saint-Nicolas de Campagnac par la gauche, traverser le pré et rejoindre la balise Pont-Saint-Nicolas.

8. Partir à droite sur quelques mètres pour rejoindre la D979, prendre à gauche en suivant les GR®6 et 63. À l'intersection suivante, tourner à droite sur la D112 en direction de Collias. Parcourir 800 m et virer à droite sur la petite route. Dans le virage à gauche, quitter la route pour le chemin de droite.

9. À l'intersection suivante, tourner à gauche puis à droite et, quelques mètres après, à gauche sur une petite sente qui serpente dans la garrigue avec de temps en temps, sur la gauche, des aperçus sur les champs cultivés.

Laisser tous les départs à droite et à gauche. Le chemin bifurque sur la droite et commence à monter vers le plateau. Arriver sur le replat, le chemin continue sous un couloir végétal bien agréable après la montée et débouche sur une large piste à gauche.

À la fourche (grande table en béton), rester sur la piste de droite puis, à l'intersection suivante, prendre à droite pour arriver à La Coufine (balise).

10. Quitter le GR® et continuer à droite en direction des Gorges du Gardon en suivant le balisage jaune, sur le chemin qui s'enfonce dans la garrigue pour rejoindre la bordure du canyon du Gardon.

Magnifique point de vue sur le site de La Baume. Le chemin descend en lacets et gagne les agréables sous-bois qui bordent la rivière pour arriver à La Baume.

11. Pour ceux qui le désirent, prendre le temps de monter à gauche jusqu'à l'ermitage et la chapelle blottie sous un surplomb rocheux accessible toute l'année ainsi qu'au splendide portail de la grotte de La Baume (fermée du 1er mai au 15 août et du 15 novembre au 15 mars - protection des chauves-souris).

Pénétrer dans la caverne, parcourir à la lueur d'une lampe de poche la courte, facile et amusante traversée de ce tunnel naturel (attention sol glissant par endroits).

Suivre le cours de la rivière (rive gauche) vers l'est en direction de Collias en suivant le balisage jaune : aucune erreur possible, le sentier passe entre la falaise et la rivière.

Le sentier serpente dans les sous-bois, ou sur des dalles rocheuses, s'éloigne ou se rapproche du Gardon ; petit passage avec main courante pour la sécurité.

En arrivant sur Collias, vous longez le site d'escalade, la via ferrata, puis passez devant la Grotte de Pâques (fermée par une grille). Laisser la première rue à gauche qui remonte directement au village et poursuivre en face en passant devant le restaurant.

Juste avant le pont, prendre à gauche les escaliers qui débouchent sur l'avenue du Pont. Tourner à gauche et rejoindre le parking (**A**)

Russan à Collias © Laurence AGRIN

POINTS DE PASSAGE

D : km 0 - alt. 72m - Russan
1. km 1.14 - Quitter le GR, prendre à droite
2. km 1.53 - alt. 113m - Grotte de la Trône
3. km 1.98 - Le Castellas, point de vue
4. km 2.48 - alt. 127m - Le Baume percée
5. km 2.63 - alt. 145m - Abri sous roche
6. km 3.34 - alt. 173m - Combe de l'Abbé
7. km 7.6 - Balise Pont Saint-Nicolas
8. km 9.54 - Intersection, tourner à gauche
9. km 13.73 - alt. 167m - La Coufine
10. km 15.93 - alt. 50m - La Baume
A : km 20.66 - alt. 47m - Parking avenue du Pont

INFOS PRATIQUES

Parcours sans difficulté technique, si ce n'est sa longueur.
Parcours long et caillouteux : prévoir de bonnes chaussures.

Prendre une lampe pour la traversée du tunnel (fermé du 1er mai au 15 août et du 15 novembre au 15 mars).

À la bonne saison, prévoir un maillot de bain, pour les baignades en fin de parcours, à partir de La Baume.
Pas de point d'eau sur toute la longueur du parcours.

Nécessité de deux véhicules, car pas de transports en commun entre ces deux villages.

26 BRASSERIE DES GARRIGUES

Les bières de la Brasserie des Garrigues sont brassées à Sommières dans le Gard, selon des méthodes de fabrication naturelle suivant les traditions britanniques mais également des bières de garde du nord de la France. Les brasseurs ont fait le choix de ces méthodes de brassage pour leur caractère artisanal et rustique qui, au détriment d'un rendement élevé, permet d'obtenir des bières à la finesse incomparable. La Brasserie des Garrigues vous propose des bières sans colorants, ni conservateurs, bio et sans gluten. Elles ne sont ni filtrées ni pasteurisées. La brasserie vous propose une large gamme de bières allant de la bière au bois de hêtre à la bière au gingembre en passant par des bières barriquées ou saisonnières.

INFOS PRATIQUES

Horaires d'ouverture :
Lundi et mardi : 7h-15h
Mercredi : 8h-12h
Jeudi et vendredi 8h-18h
Samedi 9h-12 h 30

CONTACT

Brasserie Des Guarrigues
40 rue des Cardes - ZA L'Arnède
30250 Sommières
contact@brasseriedesgarrigues.fr
Tél. : 04 66 71 05 53
brasseriedesgarrigues.fr

UNE BIÈRE APRÈS LA RANDO ?
Triple Hot, Ale Poivre Piment

5,9 %
ALC

AMER LÉGER

AMBRÉE

ÉPICÉE

Cette bière de fermentation haute s'équilibre autour des épices, du gingembre et du malt offrant une saveur tirant fortement sur le gingembre avec un final sur le piment particulièrement fin et agréable.

QUE FAUT-IL ABSOLUMENT RAMENER DE LA BRASSERIE ?

… À votre pote snob qui **ne boit que du cognac** - *Saison des amours* vieillie en barrique de cognac est disponible occasionnellement à la brasserie. 10,7% d'amour, de rondeur, et de surprises sensorielles feront ouvrir grand les yeux de vos ami·e·s.
… À votre cousin de 18 ans qui **se prend pour un lascar** - *p'tite frap'* - Session I.P.A - 3,9% - Une bière au nez herbacé qui étanche la soif sans vous coller une barre au milieu du front !

CIRCUIT DES CAPITELLES DE SAUSSINES

Source : dimanche rando 34 - Visorando

Situé entre Nimes et Montpellier, le village de Saussines offre un patrimoine assez exceptionnel : église classée du XIIe siècle, château, belles maisons bourgeoises, vieux lavoirs. La garrigue est proche avec sept capitelles, un sentier botanique et une aire de pique-nique aménagée.

FICHE TECHNIQUE

N 43.762253° / E 4.056576°

3 h 55	47 m
13,18 km	Moyenne
53 m	2842OT

DESCRIPTION DE LA RANDONNÉE

Départ du parking devant les écoles.

D/A : Prendre l'avenue de Montpellier à gauche de la statue de la Vierge. Passer devant la mairie et l'église Saint-Étienne. Prendre à droite la Grand-Rue sur une centaine de mètres puis tourner à gauche dans la rue du Château, à son extrémité tourner à gauche et emprunter la RD135 sur 200 m.

1. Prendre à droite le petit chemin qui mène au vieux lavoir. Poursuivre sur ce chemin vers la petite route, la traverser en se dirigeant en face dans la prairie. Au bout, tourner à gauche pour passer sur le radier du ruisseau. Suivre le large chemin sur 700 m en négligeant les autres.

2. Prendre à gauche une sente en balcon avec une belle vue sur le village. En sortie de garrigue, tourner à gauche sur le chemin communal pour arriver sur une petite route goudronnée. L'emprunter sur la droite durant 400 m.

3. En haut de la côte, s'engager à droite dans le bois sur un beau sentier de garrigue pour arriver à la première capitelle. Suivre la trace à droite pour arriver à la rivière Bénovie puis s'engager à gauche dans une ancienne draille : le chemin de Montredon dit de la Monnaie que l'on suit sur 300 m.

À la sortie, prendre à droite, longer la parcelle et rejoindre la deuxième capitelle. Suivre sur le côté de celle-ci, la sente qui chemine dans la garrigue pour arriver à la troisième capitelle.

4. Là vous avez le choix : soit aller à droite (trait jaune) pour faire le circuit normal, soit aller à gauche (points jaunes) pour suivre une variante qui monte dans la garrigue. Ce tracé ayant l'avantage d'éviter le lit de la rivière Bénovie impraticable en temps de crue. En sortie de ce sentier, prendre le circuit normal par un virage à gauche.

Circuit normal : 50 m après cette capitelle, tourner à droite et longer la rivière Bénovie. Au bout de cette sente, tourner à gauche pour remonter vers un bosquet que l'on traverse. Longer l'ancienne draille par la droite dans un beau sous-bois pour arriver à la quatrième capitelle, la contourner par la droite.

Franchir un muret et s'engager dans la draille qu'on longe sur 200 m pour arriver à hauteur de la cinquième capitelle (située dans une parcelle privée mais accès autorisé par le propriétaire) Après la photo, revenir sur le chemin principal, à son extrémité, traverser le chemin de terre rouge pour franchir à nouveau un muret.

5. En poursuivant dans une belle allée bordée de murs en pierre sèche, sortir de la garrigue par la gauche puis tourner tout de suite à droite. Emprunter un large chemin qui mène à la sixième capitelle. 150 m après cette capitelle, rejoindre un carrefour avec un arbre marqué d'un 8 et panneau Visorando.

6. Ensuite vous avez le choix : poursuivre tout droit (randonnée de 14 km) et suivre le balisage matérialisé par des points jaunes. (Ou, tourner directement à gauche sur une sente qui traverse la garrigue et arrive sur un large chemin pour le circuit normal de 10 km).

7. Faire un petit aller-retour pour voir les passes sur la rivière Bénovie. De retour, continuer à droite et 200 m après les maisons, prendre à gauche la route qui monte.

Capitelle de Saussines © OT Pays de Lunel

8. Quitter la route pour prendre à gauche un chemin de terre. Suivre le balisage jaune. À l'angle du second champ, virer à droite et rejoindre un chemin.

Continuer en face sur 200 m et arriver à la lisière du bois, poursuivre dans la garrigue. En bout de chemin, tourner à droite pour suivre le sentier botanique qui vous conduit à la source des Tourilles.

9. Suivre le sentier botanique qui présente les différentes plantes de la garrigue jusqu'à l'aire de pique-nique située en bord du ruisseau. À l'extrémité, prendre à droite le chemin caladé qui conduit à la D135 (prudence).

10. L'emprunter par la droite sur une centaine de mètres puis à gauche, prendre le chemin qui serpente parmi les vignes pour arriver sur une petite route goudronnée.

11. La suivre sur la droite pendant 200 m.

12. Prendre à gauche, le chemin en terre rouge, qui conduit au point haut de la randonnée. Au carrefour de quatre chemins, continuer en face et au suivant, prendre à gauche la petite route goudronnée qui descend vers le village.

13. Dans la courbe à gauche, partir à droite vers la pinède et la traverser pour arriver dans la rue des Zibelines. La remonter par la gauche. Arriver sur la route, puis tourner à droite pour rejoindre le parking de départ (**D/A**).

INFOS PRATIQUES

Nota important : Ne pas tenir compte des chiffres marqués sur le terrain mais bien s'en tenir au descriptif de Visorando.

Randonnée interdite aux VTT, chaussures montantes recommandées.

Source aux Tourilles (même au mois d'août), aire de pique-nique aménagée.

Capitelle. ©dr34

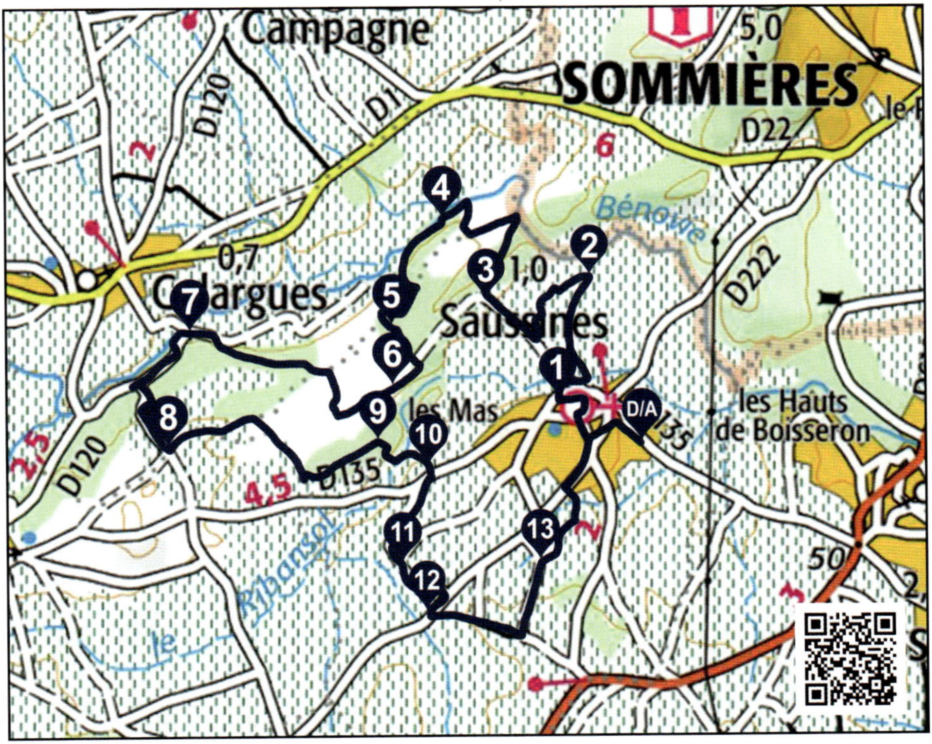

POINTS DE PASSAGE

D/A : km 0 - alt. 44m - Parking devant les écoles
1. km 0.47 - alt. 47m - Petit chemin à droite
2. km 1.47 - alt. 34m - Sentier à gauche
3. km 2.55 - alt. 44m - À droite dans le bois
4. km 3.75 - alt. 32m - Troisième capitelle
5. km 4.68 - alt. 45m - Belle allée bordée de murets
6. km 5.2 - alt. 41m - Arbre marqué d'un 8, en face
7. km 6.8 - alt. 39m - Passes sur la rivière Bénovie
8. km 7.94 - alt. 64m - Chemin de terre à gauche
9. km 9.56 - alt. 46m - Sentier botanique, à droite
10. km 10.02 - alt. 43m - D135, à droite
11. km 10.65 - alt. 45m - Route, à droite
12. km 11.19 - Chemin en terre rouge à gauche
13. km 12.24 - Courbe à gauche, à droite vers la pinède
D/A : km 13.18 - alt. 44m Parking

À PROXIMITÉ

Une capitelle (capitèla en occitan), désigne une cabane faite de pierre sèche, c'est-à-dire sans utilisation de mortier, que l'on trouve dans les anciennes garrigues des villes du département du Gard.

Au retour de rando possibilité de déguster les vins locaux (voir infos sur panneau Départ Rando). Possibilité de visiter l'église sur RDV 04 67 86 63 53.

27

LES BRASSEURS
DE LA JONTE

Tout commence donc en 2013 à Gatuzières, entre Causse Méjean et Mont Aigoual. Dans un petit hameau à l'entrée du village, au bord de la Jonte, se trouve un ancien moulin à eau, le « Mas Prades ». Jusque dans les années 60 on y fabriquait de la farine avec les céréales du Causse. Aujourd'hui, on y produit des bières artisanales ; toujours une affaire de céréales et d'eau ! Fin avril 2018, la nouvelle salle à brasser est mise en route. Au-delà de l'augmentation de la capacité de production et de stockage, c'est aussi une amélioration considérable de l'ergonomie de travail.

INFOS PRATIQUES

Du lundi au vendredi :
9h-12h / 14h-17h

Samedi et dimanche :
Fermé

CONTACT

Brasserie de La Jonte
Mas Prades
48150 Gatuzières
lesbrasseursdelajonte@gmail.com
Tél. : 09 75 96 18 79
lesbrasseursdelajonte.fr

UNE BIÈRE APRÈS LA RANDO ?
Freyja Session IPA

4,5 % ALC — DOUCE LÉGÈRE — BLONDE — **HOUBLONNÉE FRUITÉE**

Cette session IPA à la robe jaune pâle est douce et légère. Son nez fait ressortir des arômes de raisin vert et d'agrumes. En bouche, l'amertume franche laisse place à des notes de fruits tropicaux et de pin. Cette bière est parfaite pour se désaltérer et profiter d'un houblonnage intense.

QUE FAUT-IL ABSOLUMENT RAMENER DE LA BRASSERIE ?

… À votre pote qui **collectionne** les bouteilles avec des bouchons cirés. La gamme Exceptions - Avec leurs bouchons cirés, ces références de cette gamme surprendront vos papilles par leur originalité. Parmi elles, la célèbre *Feuillette vieillie* en barrique de cognac, leur toute première bière barriquée, mais également les Humeurs des Brasseurs, vieillies en barrique de rhum, armagnac, porto, bourgogne...

LE PUECH POUNCHUT

Source : salvinsac - Visorando

En plein cœur des Cévennes, découvrez le versant nord du Massif de l'Aigoual. Parcourez les chemins forestiers et parvenez au sommet de la balade pour profiter d'une vue imprenable sur le causse Méjean et la vallée de la Jonte. Par ciel dégagé, apercevez le viaduc de Millau qui relie le causse de Rouge et le causse de Larzac.

FICHE TECHNIQUE

D : N 44.195142° / E 3.455758°
A : N 44.193382° / E 3.456698°

3 h 40 — 1 108 m

8,91 km — Moyenne

395 m — 2640OT 2641ET

DESCRIPTION DE LA RANDONNÉE

Départ du camping « La Cascade ».

D : Prendre la piste forestière qui monte sur la droite vers la forêt. Après 200 m, à la plateforme, prendre la piste de gauche et rejoindre un croisement à 500 m.

1. Prendre à droite et suivre le chemin jusqu'à la piste de crête. Retrouver le GR®66.

2. Emprunter le GR®66 à gauche, balisage rouge et blanc. Monter jusqu'à un carrefour de sentiers.

3. Continuer en face sur le GR® pour accéder au sentier desservant le Puech Pounchut.

4. Quitter le GR® pour prendre le chemin de gauche et accéder au Puech Pounchut et son antenne. Profiter d'un panorama à 360°.

5. Revenir au carrefour précédent, tourner à droite. En sens inverse de l'aller revenir au carrefour du petit sentier passé précédemment.

3. S'engager à droite sur ce sentier, suivre la clôture puis continuer à descendre tout droit en suivant la crête. En bas de la

Gorges de la Jonte © Harmihhk

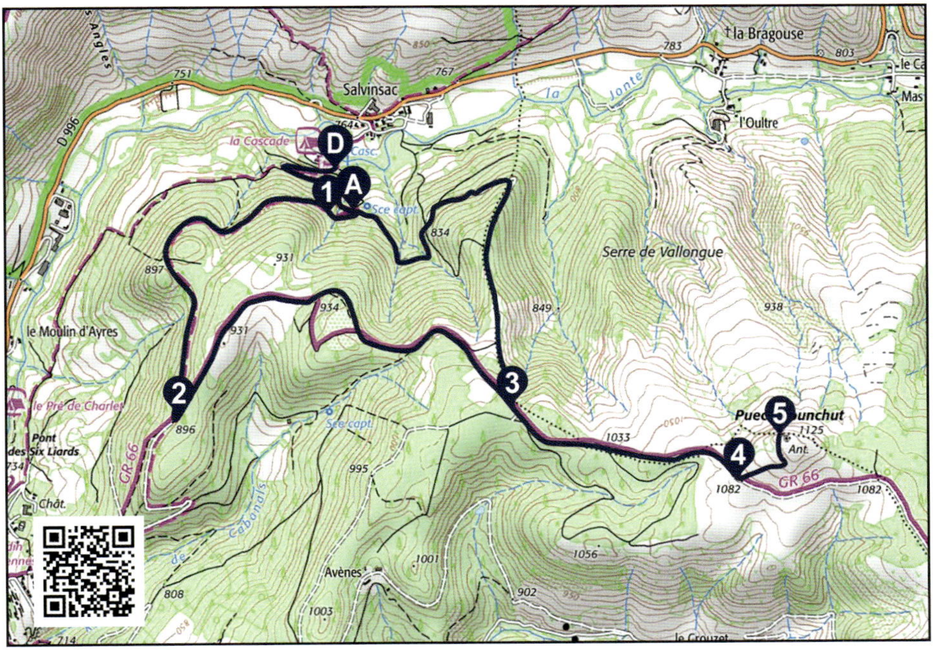

descente, s'engager sur la piste forestière à gauche. La suivre jusqu'à retrouver le premier carrefour passé à l'aller.

1. Partir à droite et, en sens inverse, revenir au parking du camping (**A**).

POINTS DE PASSAGE

D : km 0 - alt. 754 m - Camping La Cascade
1. km 0.55 - alt. 803 m - Carrefour de la boucle
2. km 2.21 - alt. 904 m - GR®66
3. km 4.19 - alt. 1 033 m – Carrefour, sentier
4. km 5.14 - alt. 1 081 m - Sous le sommet
5. km 5.56 - alt. 1 104 m - Puech Pounchut
A : km 8.91 - alt. 805 m - Camping La Cascade

28

LE CARACTÈRE DE SON TERROIR
La caussenarde
bière fermière

La brasserie est située dans le sud Aveyron, sur les contreforts du Larzac. C'est dans cette ancienne grange monastique datant de 1177, qui appartenait à l'abbaye cistercienne de Nonenque que notre famille a entrepris depuis 1985 d'élever des brebis laitières pour le fameux fromage de Roquefort. Amandine et Baptiste y produisent des bières à partir des céréales cultivées sur la ferme.

INFOS PRATIQUES

Ouverture : Tous les samedis matin au marché plein air de Saint Affrique 12400

CONTACT

Brasserie Caussenarde
Le Mas Andral
12540 Saint-Beaulize
ferme-brasserie-masandral.fr

UNE BIÈRE APRÈS LA RANDO ?
Lager - blonde de fermentation basse

Une lager blonde à la texture soyeuse. On distingue une sécheresse céréalière ainsi qu'une amertume d'intensité moyenne qui s'ajoute au caractère désaltérant du produit. Les houblons nobles apportent également des notes herbacées.

QUE FAUT-IL ABSOLUMENT RAMENER DE LA BRASSERIE ?

… À votre pote qui ne jure que par les **single malts** - *Barley Wine* (vin d'orge). Brassée en 2017 et veillie en fût de chêne de whisky. Flaveurs vineuses et une touche cidrière de pomme verte (brettanomyces). On arrive enfin sur le whisky et une belle astringence tannique qui assèche la fin de bouche. Toutes ces flaveurs se mélangent agréablement sur un fond complexe et dense de céréales maltées. 11% ALC

LE CAUSSE ET LES BORDS DE LA SORGUES AU DÉPART DE CORNUS

Source : Michelle34 - Visorando

Au départ de Cornus, profitez d'une belle journée printanière pour parcourir le plateau de Causse, dans la Massif central. Tantôt en sous-bois, tantôt sur les chemins découverts, laissez-vous guider par le courant de la Sorgues, traversez les champs et le Larzac et admirez ses paysages verts et fleuris à perte de vue.

FICHE TECHNIQUE

N 43.904501° / E 3.178962°

5 h 35 — 786 m

15,93 km — Moyenne

372 m — 25410T 25420T 26420T

DESCRIPTION DE LA RANDONNÉE

Se garer sur le parking randonneurs, en contrebas de Cornus.

D/A : Remonter dans le village et longer la D7, avenue Louis-Alexis Delmas vers le sud, jusqu'à un abri-bus.

1. Prendre la route face à l'abri-bus qui part en épingle vers la droite. Après quelques mètres, suivre le chemin goudronné de gauche desservant quelques habitations. Continuer jusqu'au bout et atteindre une fourche à la fin de la route goudronnée. Partir à droite sur le sentier PR® balisé en jaune et poursuivre jusqu'à une ruine. Ouvrir le portillon sur la droite et parvenir au carrefour du GR® 71C.

2. À gauche, emprunter le GR® 71C, suivre son balisage blanc et rouge. Chemi-

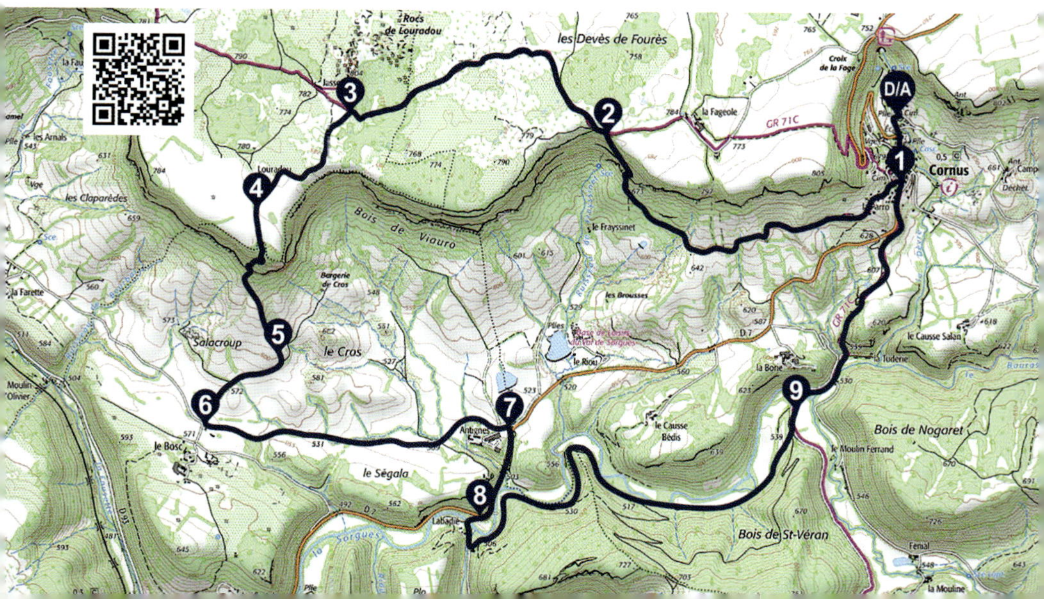

ner dans le Causse, sur une portion plane, puis arriver à un carrefour de sentiers.

3. Quitter le GR® et prendre le sentier à gauche. Contourner lez champs et rejoindre l'orée de la forêt.

4. Descendre dans la forêt. Parvenir au carrefour du sentier desservant la bergerie du Cros.

5. Tourner à droite, atteindre le carrefour (route) à l'entrée du hameau du Bosc (croix).

6. S'engager sur le large sentier à gauche. Poursuivre jusqu'à rejoindre la D7 au niveau du hameau d'Antignes.

7. Prendre à droite avec prudence, rejoindre la D7. Quelques centaines de mètres plus loin atteindre le croisement (panneau « Labadié »).

8. Quitter la D7 et prendre à gauche. Traverser le pont sur la Sorgues pour atteindre une cave. Tourner à gauche, longer la Sorgues sur sa rive gauche en lisière du bois de Saint-Véran. Poursuivre jusqu'au carrefour du GR®71C.

9. À gauche, emprunter le GR®71C. Suivre le balisage blanc et bouge pour retrouver la D7. Poursuivre avec prudence sur cette route et revenir au carrefour emprunté à l'aller.

1. Reprendre le chemin en sens inverse de l'aller pour regagner le parking (D/A).

Causse du Larzac
© Clemens Gilles

POINTS DE PASSAGE

D/A : km 0 - alt. 648 m - Parking
1. km 0.54 - alt. 638 m - Abri-bus
2. km 3.09 - alt. 781 m - GR®71C
3. km 5.06 - alt. 786 m - Bifurcation
4. km 6.21 - alt. 774 m - Orée de la forêt
5. km 7.2 - alt. 594 m - Carrefour bergerie
6. km 7.8 - alt. 568 m - Croix
7. km 9.74 - alt. 514 m - Antignes
8. km 10.28 - alt. 505 m - Panneau « Labadié »
9. km 13.72 - alt. 528 m - GR®71C
D/A : km 15.93 - alt. 647 m - Parking

À PROXIMITÉ

La Couvertoirade

Au cœur de l'Aveyron, la Couvertoirade est un petit village édifié au XIIe siècle sous l'impulsion des Templiers et Hospitaliers. Nichée sur le plateau du Larzac, la cité de Couvertoirade est une terre d'histoire et de légendes marquée par la guerre de Cent Ans et la guerre de Religion. Élu « Plus beau village de France » et inscrit au Patrimoine Mondial de l'Humanité, ce village abrite des vestiges historiques encore intacts tels que ses remparts, l'église Saint-Christol ainsi que le château Templier.

La Couvertoirade © Fabrizio Buoso

29

Brasserie de la nouvelle génération brassicole française, Iron se fait connaître rapidement avec une ambition clairement affichée : bières exotiques, sorties des sentiers battus avec un goût pour les tentatives indescriptibles ! David Garrigues élabore des bières délurées avec une qualité et un équilibre toujours au rendez-vous.

INFOS PRATIQUES

Du lundi au vendredi de 9h à 17h

CONTACT

Brasserie Iron
4905 route de Saint-Nauphary
82000 Montauban
brasserie.iron@gmail.com
Tél : 06 45 15 84 10
brasserie-iron.com

UNE BIÈRE APRÈS LA RANDO ?

Sauvage passion, thym et bergamote

ALC ACIDE BLONDE FRUITÉE

Bière sauvage élevée 30 mois en barrique, avec macération de fruit de la passion, de bergamote et de thym. Une bière acidulée, originale et équilibrée pour découvrir ou redécouvrir les bières en fermentation mixte.

QUE FAUT-IL ABSOLUMENT RAMENER DE LA BRASSERIE ?

... À votre pote qui ne peut s'empêcher de concocter des **cocktails originaux** *Gose Cassis - Basilic* 6%. Une grosse dose de cassis pour son goût profond et sa belle robe rouge, qui s'accorde à merveille avec le basilic et sa fraîcheur herbacée. La pointe de sel vient exhausser l'aromatique et contre balancer le sucre du fruit. Un classique de la brasserie, à avoir absolument dans son frigo !

BOUCLE AU DÉPART DU FAU

Source : Rage82-Visorando

Des paysages variés avec peu de routes. Des vergers, des berges, des chemins ombragés et des champs. De nombreuses traces de chevreuil, soyez silencieux vous en verrez sûrement.

FICHE TECHNIQUE

N 43.96378° / E 1.388799°

4 h 50 — 220 m

14,78 km — Facile

271m — 2041SB

DESCRIPTION DE LA RANDONNÉE

Stationner sur le parking de la salle des fêtes du Fau.

D/A : Rejoindre le PR③4 au fond du parking, partir au nord-ouest, par le chemin des carrières en direction du sommet de la crête. Traverser la route de Vignarnaud (198 m) poursuivre en face. Descendre sur le chemin des Treilles jusqu'à Toumet (110 m).

1. Suivre le chemin de Toumet jusqu'à Malfré. Partir à gauche par la D21, route de Montauban à Corbarieu durant 100 m puis à droite le long du ruisseau de Cantaloube. Après le premier virage, tourner à gauche le long de la clôture. Rejoindre le Tarn.

2. Partir à gauche, sud-est, route de Bio. Longer le Tarn vers le sud-est. Poursuivre sur le chemin en face lorsque la route tourne à gauche. Rejoindre le Chemin du Touron, partir à gauche. S'éloigner du Tarn vers l'est. Atteindre un carrefour après le cimetière sur la D21.

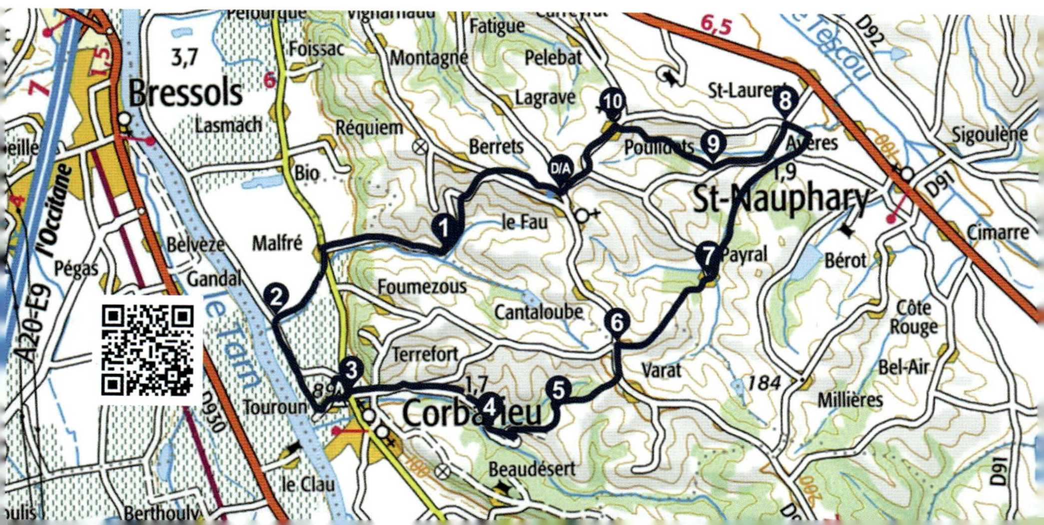

3. Partir à gauche par la route et monter vers les coteaux. Suivre le balisage Jaune. À la croix, quitter le balisage vers le sommet de la colline en visant une grange délabrée. Revenir au carrefour précédent par le même itinéraire.

3. Partir à gauche, par la route du Fau et longer la rive droite du ruisseau de Guitardio.

4. À la croix partir à gauche sur la piste, passer au hameau de Bougues et atteindre un petit lac, à main droite.

5. Emprunter le sentier qui longe le bois. Parvenir à la route de Saint-Nauphary (entre Varat et Margat). Partir à gauche. Après 30 m, serrer à droite. Déboucher sur un carrefour à quatre directions (croix).

6. À la croix, partir à droite sur le PR®6 (chemin de la Croix d'Astorg) qui descend vers Saint-Nauphary. Rejoindre le hameau de Payral.

7. Traverser le ruisseau des Marios, le longer sur sa rive droite. Conserver ce sentier, traverser le hameau de Capellanios, puis retraverser le ruisseau de Marios pour rejoindre le hameau des Combes.

8. Au carrefour, virer à gauche, par le chemin de Foulquié, en descendant légèrement Sud-Est, passer le ruisseau du Gascou, traverser les Fajous.

9. À la bifurcation suivante (150 m), quitter la route pour partir à droite dans le sentier. Traverser de nouveau le ruisseau

Montauban © OT Montauban

du Gascou. Atteindre le village de Poulidets par le chemin des Fagets.

10. Prendre à gauche par le chemin du Carreyrat. Passer le hameau du Gascou. Poursuivre à droite par le chemin de Foulquié pour rejoindre le parking de la salle des fêtes (D/A).

POINTS DE PASSAGE

D/A : km 0 - alt. 269m - Salle des fêtes du Fau
1. km 1.58 - alt. 162m - Toumet
2. km 3.61 - alt. 138m - Le Tarn
3. km 4.87 - alt. 145m - Carrefour cimetière
4. km 6.87 - alt. 159m - Croix
5. km 7.77 - alt. 202m - Réserve d'eau
6. km 8.9 - alt. 250m - Chemin de la croix d'Astorg
7. km 10.06 - alt. 185m - Payral
8. km 12 - alt. 161m - Les Combes
9. km 12.88 - alt. 195m - Chemin à droite
10. km 13.89 - alt. 222m - Poulidets
D/A : km 14.78 - alt. 249m - Salle des fêtes du Fau

30 LA SUPERBE BREW CO.

Créée en 2016 à Biarritz, La Superbe est née de la passion de Baptiste et Vincent pour le brassage, à la maison pour commencer, et de l'amour pour les jus hautement houblonnés. Inspirés et attirés dès l'origine par les brasseries d'inspiration américaine, la brasserie développe notamment toute une gamme d'IPA, Double IPA, etc.

CONTACT

Brasserie La Superbe
11 avenue de l'Adour
64600 Anglet
contact@lasuperbe.fr
Tél : 06 08 72 58 20
www.lasuperbe.fr

INFOS PRATIQUES

Lundi au vendredi : 9h - 19h
Samedi : 10h - 18h

UNE BIÈRE APRÈS LA RANDO ?
LARRU Hoppy Rice Lager

6,0 %

ALC | AMÈRE VÉGÉTALE | BLONDE | FRUITÉE

La superbe nous propose une bière sèche, minérale et fruitée, aux arômes d'agrumes. En bouche, l'amertume est soutenue par des aromatiques de fruits exotiques pour finir sur des notes herbacées.

QUE FAUT-IL ABSOLUMENT RAMENER DE LA BRASSERIE ?

Un carton mixé de toutes les bières houblonnées. En effet, il en existe des nuances infinies et La Superbe offre tout un panel allant de la Hoppy Lager, au double IPA, en passant par des cold IPA, tout en mettant à l'honneur un houblon, souvent magnifié par une canette incroyable. La Superbe, c'est une définition de l'esthétisme.

LA FORÊT DE CHIBERTA ET LES PLAGES D'ANGLET

Source : Eztitasuna - Visorando

Non loin de la plage de la Barre et du bois de Lazaret, découvrez les alentours de la ville d'Anglet, connue pour ses spots appréciés des surfeurs.

Avec cette boucle, traversez la forêt de Chiberta qui s'étend sur 250 hectares et rejoignez les plages des Cavaliers et de la Madrague. Seul ou en famille, les tables de pique-nique, les structures sportives et les activés d'équilibre et de coordination sauront réjouir petits et grands tout au long du parcours.

DESCRIPTION DE LA RANDONNÉE

Départ du parking de la plage de la Madrague.

FICHE TECHNIQUE

N 43.510899° / O 1.533021°

1 h45 — 20 m

6,02 km — Facile

12 m — 1344OT

D/A : Sortir du parking sur l'avenue de la Madrague pour retourner au boulevard des Plages. Prendre à gauche, longer le boulevard sur 50 m et traverser.

1. Prendre à droite sur l'avenue des Crêtes, puis en face sur l'avenue de la Forêt. Atteindre la promenade de la Barre et la traverser.

La forêt de Chiberta © Claudia Sc

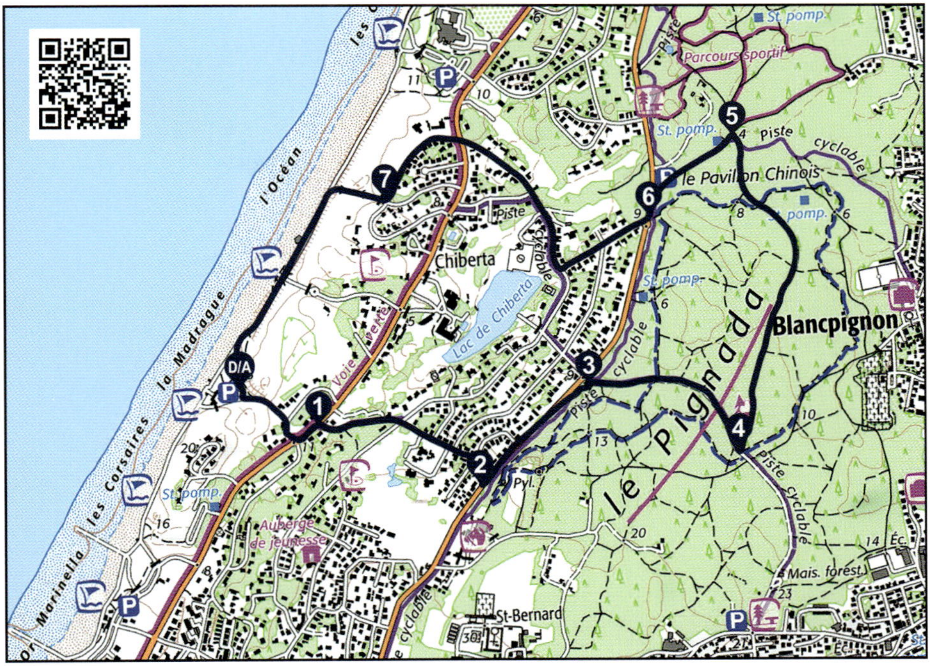

2. Entrer dans la forêt, emprunter la piste cyclable à gauche, direction nord-est, puis longer la lisière jusqu'à un carrefour de pistes.

3. Bifurquer à droite vers l'est. La piste fait une courbe à droite.

4. Tourner à gauche vers le nord. Suivre le chemin sablonneux jusqu'à une clôture.

5. Prendre à gauche le long de la clôture. Arriver à la route, la suivre à gauche jusqu'au rond-point.

6. Traverser vers l'avenue des Tennis. Continuer jusqu'à l'avenue du Lac. Prendre à droite jusqu'au boulevard des Plages. Traverser, continuer sur l'avenue des Dunes.

7. Bifurquer dans un passage à droite jusqu'à la plage.

Prendre à gauche, longer la mer sur la promenade Victor Mendiboure et regagner le parking (**D/A**).

POINTS DE PASSAGE

D/A : km 0 - alt. 8 m - Parking de la Madrague
1. km 0.41 - alt. 10 m - Traversée du boulevard des Plages
2. km 1.09 - alt. 20 m - Promenade de la Barre
3. km 1.56 - alt. 9 m - Carrefour de pistes
4. km 2.19 - alt. 12 m - Chemin à gauche au Nord
5. km 3.37 - alt. 5 m - Clôture de la forêt
6. km 3.8 - alt. 9 m - Rond-point
7. km 5.09 - alt. 10 m - Accès à la plage
D/A : km 6.02 - alt. 8 m - Parking de la Madrague

La côte basque © Anglet Tourisme

31

Arrivés en Juin 2008 dans la région, Boris et ses acolytes s'emploient à créer des bières artisanales originales. À quelques pas du bourg de Curemonte, l'un des plus beaux villages de France, la Brasserie Corrézienne vous accueille toute l'année à venir découvrir la fabrication de la bière. Vous pouvez y acheter des bières ou en siroter sur la terrasse de la brasserie, vous permettant au passage de profiter de la vue. La gamme proposée est très large allant de l'I.P.A à des bières plus pêchues en passant par les classiques : blonde, blanche et ambrée.

INFOS PRATIQUES

Pour la vente à emporter :
du lundi au vendredi de 14h à 17h
Pour le bar : le vendredi de 16h à 22h.

En juillet et août, le bar est ouvert :
Lundi, mardi et mercredi de 15h à 19h
Jeudi, vendredi et samedi de 15h à 22h

CONTACT

Brasserie Corrézienne
Le Noual
19500 Marcillac La Croze
Tél : 06 08 28 69 05
www.brasserie-correzienne.com

UNE BIÈRE APRÈS LA RANDO ?

La HopHopHop, American Pale Ale

ALC AMÈRE BLONDE FRUITÉE

La *HopHopHop* est une American Pale Ale au nez fruité qui se conclut en bouche par une petite amertume très désaltérente. Cette bière évolue chaque année en ce qui concerne le choix des houblons. À chaque nouveau lot, un nouveau houblon.

QUE FAUT-IL ABSOLUMENT RAMENER DE LA BRASSERIE ?

… À votre pote qui fait **très attention à ses cheveux** - *Floréal* - 6% - Une bière inclassable aux notes de fruits, d'épices et de céréales maltés.
… À votre pote **qui aime les énergies fossiles** - *Boris Goudenov Imperial Stout - 10,5% - Une bière* épaisse et grasse, qui réchauffe le cœur.

DE NAZARETH À TURENNE

Source : Marcel Laurent - Visorando

Une belle balade de Jugeals Nazareth à Turenne en passant par Gernes. De magnifiques vues sur le château de Turenne et sur les falaises au-dessus de la Tourmente.

DESCRIPTION DE LA RANDONNÉE

Se garer à coté du terrain de tennis sur le parking de l'atelier municipal à Jugeals-Nazareth.

D/A : Partir au Nord et traverser le village jusqu'après la mairie.

FICHE TECHNIQUE

N 45.077 675° / E 1.559 459°

3 h 55 — 256 m

11,43 km — Moyenne

284 m — 21350

1. Au carrefour, tourner à droite jusqu'à la départementale, là suivre quelques mètres à gauche et prendre le chemin qui descend presque en face.

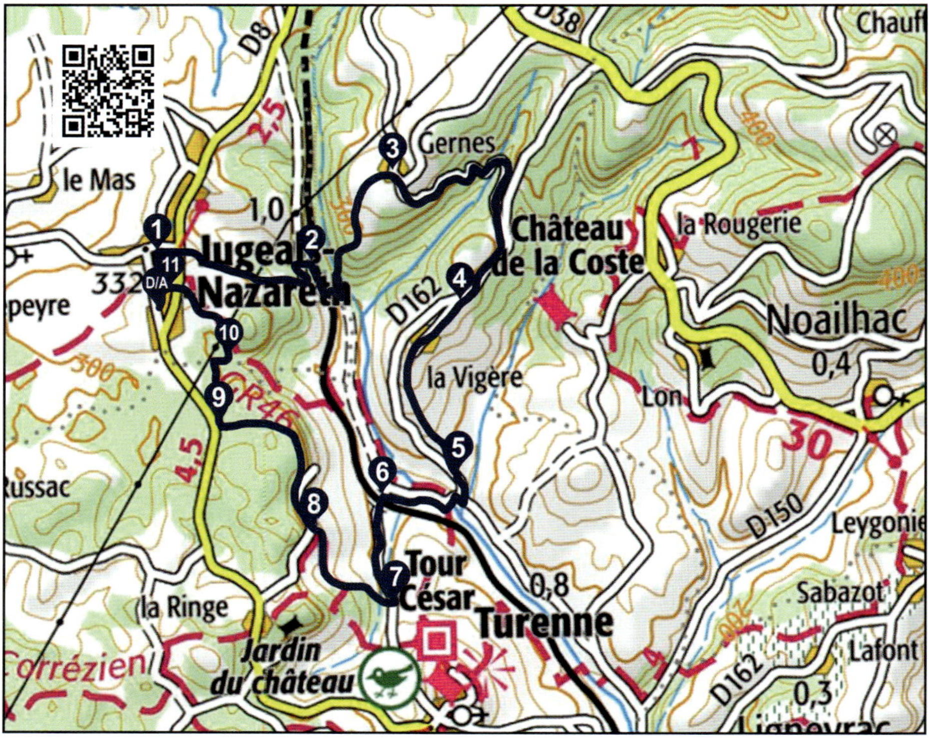

Turenne, Corrèze
© Cor nne du Fimarcon

Faire une centaine de mètres et prendre à la descente un petit chemin à gauche.

Le chemin passe à travers un bois avec une bonne descente et arrive sur la route qui longe la voie ferrée.

2. Tourner à droite, passer sous la voie ferrée et arriver au Moulin des Champs Prendre le chemin à gauche sur 100 m puis rester à droite. Le chemin arrive à Gernes (Pas de panneau mais ce sont les premières maisons).

3. Tourner à droite sur la D162 la suivre jusqu'au panneau la Vigère 0,2 km et prendre cette direction. Au passage, vue sur le château de La Coste en contrebas à gauche.

4. À la patte d'oie, prendre à gauche et traverser le lieu-dit. Après les maisons, la route se transforme en chemin. Descendre jusqu'à la D162.

5. Prendre à gauche sur 150 m puis à droite vers Turenne (pas Turenne gare). Après 150 m, traverser la Tourmente (ruisseau) . Continuer à droite. Le chemin balisé à gauche (GR® 46) permet de monter au château.

6. Passer sous la voie ferrée et en montant sur Turenne, tourner à droite au premier carrefour goudronné.

7. Descendre et continuer sur le chemin qui longe la maison à main gauche.

Remonter ce chemin caillouteux et prendre à droite à la première intersection. Continuer jusqu'à une petite route, passer les deux maisons.

Château de Turenne © OT Turenne

8. Prendre le chemin sur la gauche qui remonte dans le bois. Ce chemin, qui ne figure pas sur la carte IGN, monte sur 200 m puis c'est du plat.

9. En bout du chemin, avant d'arriver à la route , prendre un sentier sur la droite qui redescend. Traverser la route qui mène à la compostière et prendre presque en face.

10. Prendre à gauche (ce carrefour longe un parc sur la gauche avec un âne).

11. Remonter à gauche vers le village, traverser la départementale et prendre le chemin en face 50 m et à gauche pour rejoindre le parking (**D/A**).

Variante à partir du 8

En haut de la côte, commencer à redescendre sur 50 m. Prendre un tout petit sentier sur la droite (marqué à ce jour d'une croix Jaune).

Il mène sur un point de vue extraordinaire en haut de la falaise, avec vue sur le château de Turenne. Préparez votre appareil photo.

Continuer ce sentier jusqu'à ce que l'on trouve en contrebas une carcasse de voiture (2cv).

Prendre le sentier sur la gauche puis retrouver le chemin 200 ou 300 mètres plus loin. Cette variante ne figure pas sur la carte mais longe le bord de la falaise.

INFOS PRATIQUES

De bonnes côtes mais rien de très difficile.

POINTS DE PASSAGE

D/A : km 0 - Parking de l'atelier municipal
1. km 0.36 - alt. 333m - Carrefour, à droite
2. km 1.7 - alt. 224m - Carrefour, à droite
3. km 3.07 - alt. 337m - D162, à droite
4. km 5.1 - alt. 290m - Patte d'oie, à gauche
5. km 6.48 - alt. 187m - Carrefour, à gauche
6. km 7.3 - alt. 188m - Voie ferrée
7. km 8 - alt. 212m - Chemin qui longe la maison
8. km 8.83 - alt. 282m - Carrefour, à gauche
9. km 10.03 - Sentier descendant à droite
10. km 10.37 - alt. 305m - Carrefour, à gauche
11. km 10.57 - À gauche en direction du village
D/A : km 11.43 - Parking de l'atelier municipal

32 AZIMUT

Azimut Brasserie est née en 2017 et se compose aujourd'hui de 13 passioné·e·s, toutes et tous liés par une envie commune : présenter simplement la bière craft à un large public. L'idée d'origine est toujours au coeur de nos brassins : produire des bières simples, créatives et accessibles à toutes et tous, tant en goût qu'en prix. Aujourd'hui, la brasserie propose deux gammes différentes : une gamme permanente, composée de 9 bières allant de la blonde (Pils) à la stout (Choco Stout). Une gamme collaborative, avec des bières brassées en quantité limitée et avec une thématique spécifique chaque trimestre.

INFOS PRATIQUES

Du mardi au vendredi : 13 h 30 - 17h

CONTACT

Brasserie Azimut
5 avenue du Dr Schinazi
33000 Bordeaux
Tél : 06 63 26 24 19
www.azimutbrasserie.com

UNE BIÈRE APRÈS LA RANDO ?
American Pale Ale

5,3 %

ALC | AMER LÉGER | BLONDE | FRUITÉE

Bière de style américain brassée à Bordeaux. Blonde orangée à l'amertume franche portée par des houblons aux arômes d'agrumes et équilibrée par une base légèrement maltée. C'est une bière qu'on a plaisir à boire en pinte, avec ou sans burger. Elle peut également se boire en slip sur le canapé devant un bon match ou en culotte devant une bonne série ou *vice versa*.

QUE FAUT-IL ABSOLUMENT RAMENER DE LA BRASSERIE ?

… À votre pote qui adore **pimper ses apéros** la classique *Blanche Lime & Basilic*, qui s'adapte parfaitement à vos apéros ou pour une entrée lors d'un repas.

… À votre pote qui n'a jamais peur d'explorer des **saveurs inattendues** *la Sarrasin ambrée*, pour sortir de sentiers battus et découvrir une ambrée sans sucre résiduel mais aux notes de caramel grâce à l'utilisation de sarrasin malté.

BOUCLE AUTOUR DE PÉRISSAC

Source : Bruno BECQUET

Parcours champêtre un peu vallonné, petites routes très peu fréquentées, (mais bas-côtés toujours disponibles), à travers des vignes mais aussi des prairies, des bois, des fermes et de sympathiques petits hameaux. Possibilité de rencontrer des bovins, des chevaux et des cochons noirs…

FICHE TECHNIQUE

N 45.020406° / O 0.321954°

2 h 35 | 40 m

8,47 km | Facile

60 m | 16350 16360

DESCRIPTION DE LA RANDONNÉE

Se garer sur le parking de l'église.

D/A : Rejoindre le chevet de l'église. Prendre sur la gauche, face à ce dernier, un petit chemin entre les maisons (borne pompiers) direction Belvèdère qui fait rejoindre la D10. Virer à gauche mais rester sur le monticule pour éviter la circulation rapide.

Galgon © Bruno BECQUET

1. Traverser prudemment à droite vers Guerin (faire quelques mètres de plus pour descendre). Continuer en descendant jusqu'au pont de la Planche. Faire une petite centaine de mètres.

2. À l'embranchement, virer à droite toute… Remonter et traverser une série de petits hameaux : Cabrezan puis Rabalard, Bloin. Poursuivre jusqu'au carrefour en T.

3. Au pied de l'arbre isolé, obliquer à droite en direction de la Mongie.

4. Au carrefour, prendre à droite, traverser la Mongie et, à la sortie à la bifurcation en Y, rester à droite. Ignorer la route suivante à droite.

5. Rester à droite sur la route jusqu'à Chante Alouette.

6. Au carrefour en X, continuer tout droit vers le Rosier et passer le pont du Mauvais Pas. Repérer plusieurs virages dans les bois puis une côte.

7. À la sortie du bois, dans le virage à 90° à gauche, prendre le chemin à droite qui longe le bois. Rester sur le chemin, direction la Tour Blanche en face de vous en remontant. Traverser le lieu-dit et continuer sur la route.

8. Arrivé au carrefour en T, prendre à droite la D10 vers le centre de Périssac. Au croisement, virer à gauche pour rejoindre le parking de l'église (D/A).

INFOS PRATIQUES

Important : Ce circuit sort des sentiers battus tous les repères qui figurent dans la description (Lieu-dit, nom de château mais aussi ligne HT, pont etc...), sont sur la carte IGN 1/25.000 correspondante, par contre ne sont pas toujours présents dans le plan réduit.

Il est fortement recommandé soit de vous procurer ladite carte, soit d'utiliser l'application sur un smartphone, ce qui en plus vous permettra d'être géolocalisé en permanence donc de suivre votre déplacement avec précision.

Le circuit peut croiser ou suivre d'autres circuits balisés. Il est tentant de suivre les balises ! Tant que cela n'est pas précisé, ne vous égarez pas.

L'utilisation de bâtons peut se révéler très utile et sécurisant, outre le côté stabilisateur, cela améliore la répartition des efforts.

POINTS DE PASSAGE

D/A : km 0 - alt. 56m - Parking de l'église
1. km 0.68 - alt. 49m - D10, traverser prudemment
2. km 1.68 - alt. 30m - Embranchement, à droite
3. km 3.58 - Carrefour en T, arbre isolé, à droite
4. km 4.04 - alt. 48m - Carrefour en T à droite
5. km 4.84 - alt. 47m - Virage à droite
6. km 5.45 - alt. 50m - Carrefour en X, en face
7. km 6.46 - Sortie du bois, chemin à droite
8. km 7.92 - alt. 49m - D10, à droite
D/A : km 8.47 - alt. 57m - Parking de l'église

33 La P'tite Maiz

Les bières de La P'tite Maiz' sont brassées avec amour et passion et ne contiennent aucun additif bizarroïde. De l'eau, des malts, des houblons, des sucres, des fruits et des épices parfois, de la levure et c'est tout. Les superbes étiquettes qui ornent les bouteilles de bière. La P'tite Maiz' sont dessinées par des artistes et chaque recette a droit à une nouvelle étiquette ! Les bières de La P'tite Maiz' sont brassées à Notre-Dame-d'Oé à une encâblure de Tours (37) par Quentin assisté de Christophe.

INFOS PRATIQUES

BRASSERIE & TAPROOM
Du lundi au jeudi
de 16h à 22h
Vendredi de 12h à 22h
Samedi de 15h à 20h

LE BAR
Du dimanche au jeudi
de 17h à minuit
Vendredi de 17h à 2h
Samedi de 10h30 à 2h

CONTACT

Brasserie La P'tite Maiz
6 rue Aristide Briand
37390 Notre-Dame-d'Oé
taproom@lapetitemaiz.com
Tél : 02 47 54 41 52
www.laptitemaiz.com

UNE BIÈRE APRÈS LA RANDO ?
This is not a Pils, Hoppy Pale Ale

4,7 % ALC | AMER LÉGER | BLONDE | FRUITÉE

Une Pale Ale peu commune, rafraîchissante et amère, aux arômes explosifs, tirant en fin de bouche sur la pêche, l'abricot. Une texture fine et délicate et des saveurs préservées par une fine mousse. Sèche et fruitée.

QUE FAUT-IL ABSOLUMENT RAMENER DE LA BRASSERIE ?

... À votre pote **à la recherche de nouvelles saveurs**, il faut absolument ramener une (ou plusieurs) bière de la gamme permanente, composée d'une douzaine de créations. Allant d'une IPA classique mais délicieuse à une Oatmeal Stout gourmande et équilibrée, en passant par une Fruity Pale Ale explosive en saveurs fruitées, il y en a pour tous les goûts. Des bières créées avec passion, qui allient originalité et équilibre !

LES BORDS DE L'INDRE AUTOUR DU DONJON DE MONTBAZON

Source : Dabreco-Visorando

Découverte de Monbazon sous le regard de la statue de la Vierge et l'Enfant perchée sur le sommet du donjon du Xe siècle. Vallée de l'Indre avec ses moulins, châteaux, forteresses et commerces.

FICHE TECHNIQUE

N 47.289281° / E 0.716849°	
4 h 05	100 m
12,2 km	Facile
248 m	1823SB 1923SB

DESCRIPTION DE LA RANDONNÉE

Accès : situé au sud de Tours sur la RN10.

À l'entrée nord de Montbazon (avant le pont de l'Indre lorsque l'on arrive de Tours), stationner à droite sur le parking « Esplanade de Val de l'Indre » situé derrière l'Office de Tourisme et face au camping.

D/A : Le point de départ est la passerelle piétonne surplombant l'Indre est accessible depuis le parking. Découverte de l'ancien et nouveau lit de l'Indre en faisant le tour de la presqu'île « parc de loisirs ». Sortir de l'île par le petit pont aux canards, avancer dans le parking et prendre le petit passage à droite pour rejoindre la rue de la Butte Rabault.

1. Tourner à droite et suivre la route qui est très tranquille jusqu'à une bifurcation en Y.

2. Continuer par le chemin des pêcheurs à droite et suivre le cours de l'Indre sur 4 km. Au bout du chemin, prendre à droite et suivre la route de Monts sur 200 m (attention, beaucoup de circulation). En haut du coteau à gauche, on distingue le château d'Artigny.

Donjon de Montbazon © Dabreco

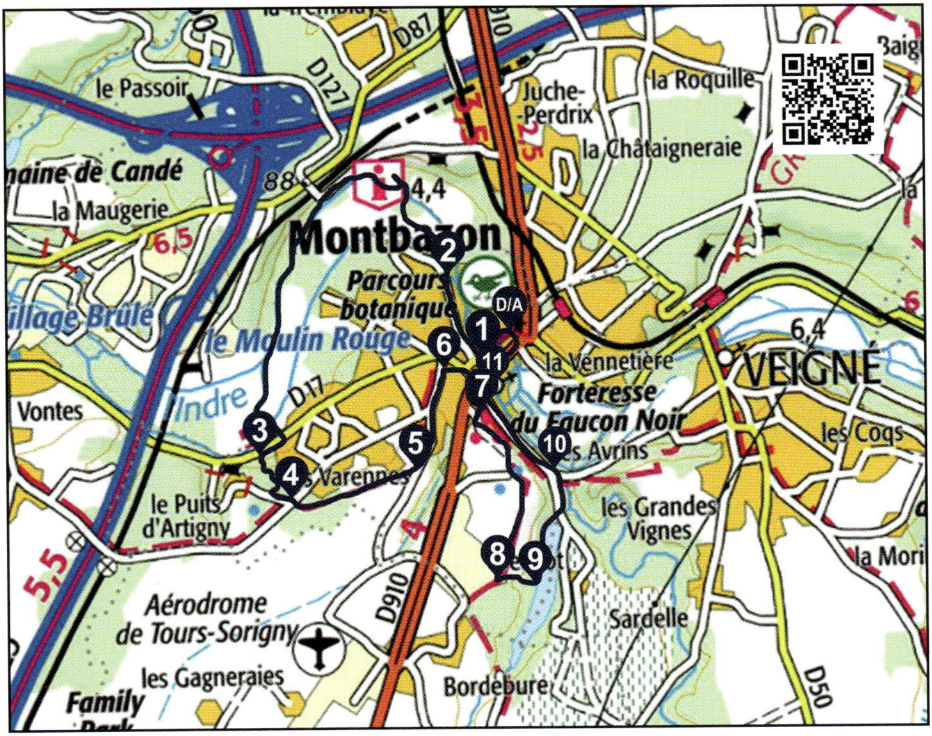

3. Au panneau Montbazon, prendre à gauche pour entrer dans la forêt. Suivre le sentier qui zigzague pour franchir le coteau et rejoindre une petite route, allée du Puits d'Artigny. Un détour à droite pour aller voir le château, sinon à gauche pour rejoindre la rue de la Poitevinière.

4. Pour traverser la zone urbanisée, prendre le chemin en face et suivre le balisage rouge et blanc du GR®46A, chemin qui traverse la zone pavillonnaire.

5. Suivre à gauche une route peu agréable, rue des Lacs d'Amour, puis à droite la rue du Professeur Guillaume Louis.

6. Face à l'école, prendre à droite par l'Allée du Parc avec une belle vue sur le donjon, descendre l'escalier et rejoindre la RN10. Suivre cette route à droite sur 100 m et prendre la direction du donjon sur la gauche par la rue qui monte jusqu'à l'entrée de la forteresse.

7. Suivre à droite le balisage rouge et blanc du GR®46A par le Chemin de Bazonneau.

Obliquer à gauche au château d'eau puis à droite à la ferme, avec un parc à chevaux sur la gauche. Suivre le chemin qui traverse d'anciens vergers (ça ne se voit pas) jusqu'au bâtiment de bureaux tout en verre fumé.

Donjon de Foulque Nerra, Montbazon
© Denis Trente-Huittessan

8. Après une pause à l'espace aménagé, prendre à gauche jusqu'au lac supérieur (Domaine du Lac, avec des vergers sur l'autre côté du domaine).

9. Prendre à gauche et poursuivre le chemin qui longe le lac inférieur. Arrivé sur la route du Creuzot, prendre à gauche et rejoindre la D250.

10. Tourner à gauche et rejoindre la rue des Moulins, rue agréable avec le donjon à gauche, les moulins à droite et le retour dans la ville par sa porte est.

11. Sur la droite entre les n° 35 et 37, emprunter la discrète ruelle des Anges et faire un détour jusqu'au lavoir situé derrière la mairie. Place de la mairie, on retrouve tous ses commerces.

Poursuivre jusqu'à la RN10, prendre à droite et rejoindre le pont qui enjambe l'Indre. Après le pont, à gauche, un passage descend jusqu'au parking (D/A).

VARIANTE

Pour raccourcir la balade, possibilité de prendre à gauche à la RN10 et rejoindre le point de départ.

POINTS DE PASSAGE

D/A : km 0 - Parking Esplanade de Val de l'Indre
1. km 0.96 - À droite, rue de la butte Rabault
2. km 1.57 - alt. 105 m - Chemin des pêcheurs
3. km 5.42 - alt. 105 m - Château d'Artigny
4. km 6.04 - alt. 138 m - Croisement GR46A
5. km 6.99 - alt. 134 m - Rue à gauche
6. km 7.76 - alt. 130 m - École primaire
7. km 8.27 - alt. 124 m - Forteresse de Montbazon
8. km 9.74 - alt. 133 m - Kami (Kenzo)
9. km 10 - alt. 132 m - Vergers du Lac
10. km 10.86 - alt. 62 m - Jonction D250
11. km 11.71 - alt. 60 m - Ruelle des Anges
D/A : km 12.2 - Parking Esplanade de Val de l'Indre

À PROXIMITÉ

Le circuit emprunte principalement des chemins, un peu de routes et un cours passage en sentier.

En cas de crue de l'Indre, le début du circuit est impraticable, et très boueux après la décrue.

Par temps chaud, possibilité de moustiques sur première partie du circuit.
(Altitudes erronées à partir du 9., trace GPS perdue jusqu'à l'arrivée)

À PROXIMITÉ

Accueil musical les dimanches après-midi d'avril à décembre.
3. Château d'Artigny
6. Forteresse de Montbazon
7. Kami, confection de vêtements
8. Domaine du Lac
D/A La Guinguette, camping de la Vallée de l'Indre

34 LA MUETTE

FERME-BRASSERIE

Située dans le bocage vendéen, en plein cœur de la ferme familiale, la Ferme - Brasserie La Muette élabore, selon la méthode traditionnelle, des bières sur lie à partir de malts, de houblons, de levures et d'eau. Sans additifs et sans conservateurs, les bières ne sont ni filtrées, ni pasteurisées. La brasserie est aussi impliquée dans une démarche éco-responsable, en mettant un point d'honneur à réduire son empreinte environnementale avec, par exemple, des systèmes de récupération de chaleur et de recyclage des eaux usées.

INFOS PRATIQUES

Lundi à mercredi : Fermé
Jeudi : 17 h 30 à 22 h 30
Vendredi : 11 h 30 à 15 h 30 / 17 h 30 à 00 h 30
Samedi : 17 h 30 à 00 h 30
Dimanche : 11 h 30 à 15 h 30 / 17 h 30 à 22 h 30

CONTACT

Brasserie La Muette
Ferme Brasserie La Muette
85390 Bazoges-en-Pareds
contact@brasserie-la-muette.fr
Tél : 02 52 66 00 36
www.brasserie-la-muette.fr

UNE BIÈRE APRÈS LA RANDO ?
Session IPA

ALC | AMER LÉGER | BLONDE | FLORALE

La Session IPA est une bière blonde caractérisée par ses légères notes florales rafraîchissantes qui se marient parfaitement avec les céréales cultivées au coeur de la ferme. Elle est idéale pour se désaltérer sans abus après une bonne randonnée au coeur du bocage Vendéen.

QUE FAUT-IL ABSOLUMENT RAMENER DE LA BRASSERIE ?

… À votre pote qui pense que la **Belgique est la capitale mondiale de la bière** *MC Circulaire*, une Belgian Golden Strong Ale affichant 8.5%vol. Elle plaît à tous les amateurs de bières belges pour ses flaveurs épicées et gourmandes.

… À votre pote qui aime **secouer les conventions** *Opération Du Coup De Poing*, une Fruited Imperial Sour titrant 8.8%. Elle plait beaucoup pour ses flaveurs cassis groseille qui la rendent gourmande. Son fort degré d'alcool n'est pas remarquable.

LA COLLINE AUX MOULINS

Source : Comro

Promenade sur la colline aux moulins à la découverte des vestiges des moulins à vent et de beaux points de vue sur le bas bocage au nord jusqu'à Pouzauges et Saint-Michel-Mont-Mercure, et sur la plaine au Sud jusqu'à la forêt de Mervent.

FICHE TECHNIQUE

N 46.675681° / O 0.848846°

2 h 20 | 90 m

7,25 km | Moyenne

114 m | 1426E

DESCRIPTION DE LA RANDONNÉE

D/A : Le départ se fait dans le centre de Mouilleron-en Pareds, de la place De Lattre en face de l'église au clocher fortifié du XIIe siècle. Prendre la rue Georges Clemenceau en direction de St-Maurice-Le-Girard. Juste après la place, prendre à gauche la rue Charles-Louis Largeteau.

1. Avant d'arriver à la rue Nationale, prendre à droite la rue du Pont Dogue, puis la rue du Petit Château sur la gauche. Juste après avoir rejoint la rue de la Motte apercevoir sur la droite le début du sentier des meuniers.

Suivre le chemin creux qui monte vers la colline, prendre le sentier sur la gauche montant vers la croix. Passer derrière elle et traverser les rochers. À un moment le sentier redescend vers la droite. Ne pas le suivre mais grimper sur les rochers et continuer sur leur crête jusqu'à retrouver le sentier qui redescend sur la gauche des rochers.

2. Le suivre jusqu'à une route. Traverser la route et reprendre le sentier sur la gauche qui continuer à monter.

3. Arriver au mémorial du Maréchal De-Lattre-de-Tassigny. Continuer tout droit et prendre la route fermée par une barrière. Elle mène aux moulins et rochers de Mouilleron. Continuer soit par la route, soit aller voir les moulins. Continuer par la route jusqu'à la barrière.

4. Prendre à gauche le chemin qui redescend, puis à droite le sentier qui traverse le bois. Continuer toujours tout droit (Est) pendant 1,250 km environ. Prendre le chemin à droite puis, une centaine de mètres après, encore à droite.

Quelques dizaines de mètres après, à une bifurcation, prendre à gauche et remonter le chemin jusqu'à un sentier sur la droite qui va remonter à travers le bois. Le chemin est assez pentu. Arriver à un croisement où il y a un vieux panneau des sentiers de randonnée.

5. À cet endroit il est possible de grimper jusqu'à la Vierge de la Dent Gaudin. Profiter d'une belle vue sur le Rocher de Cheffois.

Ancien Moulin à vent © Comro

Retourner au croisement des chemins et suivre l'indication « sentier touristique pédestre ». Continuer tout droit par le bois, trouver sur le chemin un moulin non restauré.

6. Puis au deuxième croisement, prendre le chemin à droite qui ramène à une route. Prendre à droite et trouver deux autres moulins, dont un complètement effondré, puis une table d'orientation.

4. Continuer tout droit pour retrouver la barrière qui était après les moulins restaurés. Aller tout droit, puis juste après la barrière, prendre le chemin à gauche qui pénètre dans le bois.

Longer la route par le bois et arriverer derrière les moulins restaurés.

Continuer par un chemin qui redescend jusqu'à un parking. Le traverser et à la route prendre à gauche, puis au croisement à droite. Atteindre l'endroit où le premier chemin creux était coupé par une route.

Prendre à gauche le chemin creux qui redescend vers le bourg, au niveau de l'aire de pique-nique, ne pas reprendre celui qui passe par la crête des rochers. Arrivé au bourg prendre à gauche la rue de la Motte jusqu'à un vieux manoir.

Prendre à droite en face de celui-ci la rue de la Fontaine. Passer à côté de la fontaine et du vieux lavoir du bourg puis retrouverer la rue Charles Louis Largeteau au niveau de la Mairie. Prendre à gauche pour retrouver le point de départ de la randonnée (**D/A**).

Brasserie La Muette

À PROXIMITÉ

Du haut de ses 180 mètres, la colline a accueilli jusqu'à 18 moulins à vent dont les ailes étaient utilisées pour communiquer pendant les guerres de Vendée.

Ils furent entièrement détruits au moment de la Révolution par Westerman et furent reconstruits par la suite aux mêmes emplacements.

Les moulins de Mouilleron ont été restaurés il y a quelques années. Le premier a été transformé en chapelle par la famille de-Lattre-de-Tassigny, le deuxième a retrouvé ses ailes.

Le quatrième moulin n'est qu'une ruine de quelques mètres de hauteur, qui amuse beaucoup les enfants car il est possible d'y rentrer et fait penser à une maison de lutins.

Pour les curieux, dans le bourg de Mouilleron-en-Pareds vous trouverez les maisons natales de Georges Clémenceau, Charles-louis Largeteau et de Jean de-Lattre-De-Tassigny, qui abrite le musée mémorial des deux victoires.

POINTS DE PASSAGE

D/A : km 0 - alt. 104 m - Église de Mouilleron-en Pareds
1. km 0.49 - alt. 112 m - Carrefour de la boucle
2. km 0.94 - alt. 130 m - Traversée de route
3. km 1.34 - alt. 152 m - Mémorial
4. km 2.07 - alt. 172 m - Barrière
5. km 3.75 - alt. 159 m - Vierge de la Dent Gaudin
6. km 4.51 - alt. 172 m - Bifurcation
D/A : km 7.24 - alt. 104 m - Église de Mouilleron-en Pareds

Moulin de Mouilleron-Saint-Germain
© James Hall

35

La Brasserie Nautile est une microbrasserie artisanale et indépendante située à Rezé, aux portes de Nantes, dans le département de la Loire-Atlantique. Elle a été créée en 2017 par Vincent Munoz Del Blanco, Clément Touzé et Fabien Morvan, trois passionnés de bière. La brasserie produit des bières spéciales avec savoir-faire et subtilité, fortement inspirées par l'univers de Jules Verne, né à Nantes. La Brasserie Nautile propose une gamme de bières variées, allant de la tendance IPA à la Porter, en passant par la traditionnelle Farmhouse Ale. Elle a également une boutique en ligne, une cave et une brasserie, Cold Crash, où vous pouvez déguster ses bières. Vous pouvez également contacter la brasserie pour la location de tireuse avec fûts de bière.

CONTACT

Brasserie Nautile
4 rue du Seil
44400 Rezé
contact@brasserienautile.com
Tél : 02 49 09 39 60
brasserienautile.com

INFOS PRATIQUES

Horaires d'ouverture :
Du lundi au vendredi de 9 h 30 - 17 h 30

UNE BIÈRE APRÈS LA RANDO ?

IPA au blé

ALC | IPA | BLANCHE | FRUITÉE

White the fuck allie le fruité du houblon, l'acidulé du blé , soutenu par une amertume légère qui vient supporter les aromatiques et donner de la longueur à cette bière.

QUE FAUT-IL RAMENER DE LA BRASSERIE ABSOLUMENT ?

… À votre pote fan de **saveurs audacieuses** *Hoppy Racing* 5 % : Une IPA qui se distingue par ses arômes houblonnés intenses, avec des notes fruitées et florales. Son amertume équilibrée et sa fraîcheur en font une bière idéale pour les amateurs de saveurs houblonnées.

LE BOIS CHARETTE

Source : OTSRA - Visorando

Parcourez les chemins creux, avant de rejoindre les sentiers ombragés du bois Charrette, où se promènent parfois les chevreuils, les renards ou encore les écureuils.

Après un détour en campagne, longez le sud des Marais de Grand-Lieu, à la découverte des prairies et des haies bocagères et profitez d'un panorama sur les plaines et collines voisines.

FICHE TECHNIQUE

N 47.077266° / O 1.748195°

3 h 00 — 34 m

10,13 km — Moyenne

28 m — 1224SB

DESCRIPTION DE LA RANDONNÉE

Stationner sur la route menant au moulin de La Berderie.

D/A : Depuis La Berderie, revenir au carrefour routier de la Guillotterie.

Chemin vers le lac de Grand-Lieu, Bois Charette © Alexandre Cornette

1. Au stop, traverser et continuer tout droit.

2. Prendre à gauche dans le champ, longer le ruisseau et arriver au croisement.

3. Suivre le deuxième chemin à gauche jusqu'à un nouveau croisement.

4. Traverser la route, poursuivre tout droit dans le sous-bois et rejoidre une intersection au bout du chemin boisé.

5. Tourner à gauche sur la route et atteindre, plus loin, un carrefour routier.

6. Au Stop, traverser prudemment et poursuivre tout droit. Traverser, bien plus loin, au croisement et rejoindre le croisement de la D64.

7. Au panneau stop, traverser prudemment et continuer tout droit dans le chemin jusqu'à un nouveau croisement.

8. Poursuivre tout droit sur la voie partagée pédestre et vélo. La suivre jusqu'au carrefour routier de la D61.

9. Au panneau stop, traverser prudemment et continuer tout droit dans le chemin boisé jusqu'au croisement.

10. Emprunter le chemin en face, suivre le balisage du GRP® du tour du lac de Grand-Lieu.

11. Au croisement, quitter le GRP®, continuer tout droit et regagner le stationnement (**D/A**).

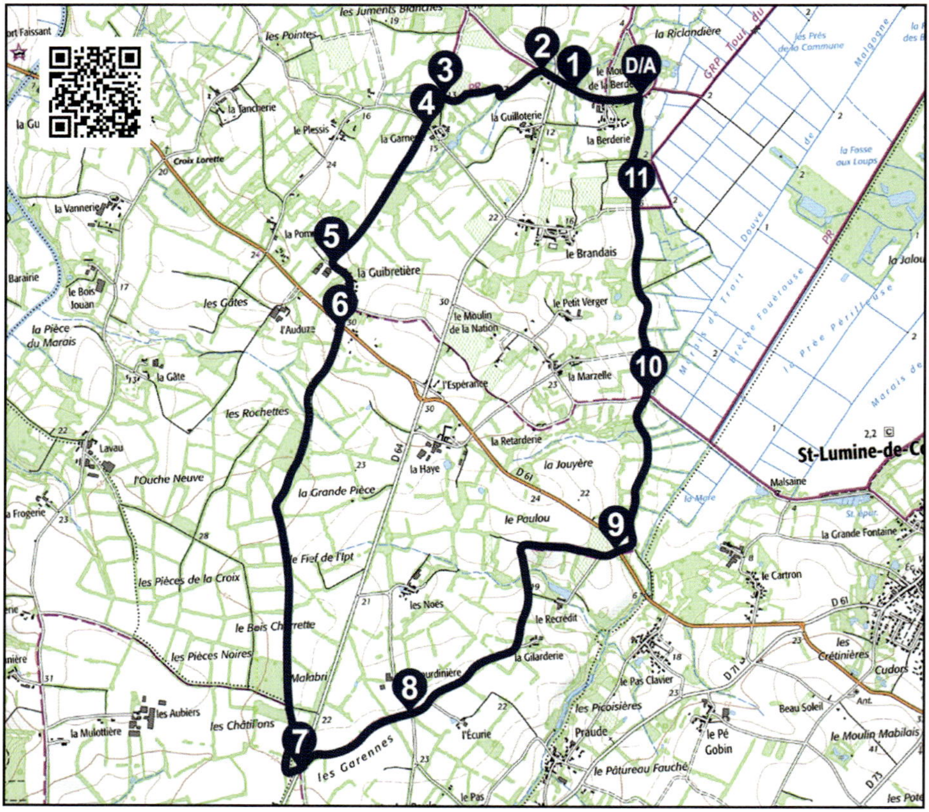

POINTS DE PASSAGE

D/A : km 0 - alt. 6 m - Stationnement, la Berderie
1. km 0.5 - alt. 5 m - Stop, carrefour routier
2. km 0.6 - alt. 8 m - Chemin, à gauche
3. km 1.22 - alt. 12 m - Croisement
4. km 1.36 - alt. 14 m - Traversée de route
5. km 2.28 - alt. 27 m - Jonction route
6. km 2.66 - alt. 28 m - Stop
7. km 5.19 - alt. 24 m - Stop de la D64
8. km 5.86 - alt. 24 m - Croisement, tout droit
9. km 7.59 - alt. 13 m - D61
10. km 8.5 - alt. 5 m - Croisement, GRP® en face
11. km 9.54 - alt. 5 m - Croisement, en face
D/A : km 10.13 - alt. 6 m – Stationnement, la Berderie

À PROXIMITÉ

La Réserve naturelle du lac de Grand-Lieu

Situé à 25 km de la façade Atlantique, le lac de Grand-Lieu est classé au titre de Réserve naturelle Nationale depuis 1980. Cet axe central des migrations en Europe qui s'étend sur pas moins de 6 300 hectares doit son nom de sa grande super ficie. Considéré comme la deuxième réserve ornithologique après la Camargue, ce lieu exceptionnel abrite une biodiversité d'une richesse incomparable avec 650 espèces de végétaux et 420 vertébrés, pour certains en voie d'extinction.

Lac de Grand-Lieu © Nicolas Loison

36 AEROFAB
MICROBRASSERIE

Amis et amateurs de bière de longue date, Arthur et Charles commencent par brasser des bières dans leurs cuisines. Leur passion pour le brassage et le succès de leurs bières dans leur entourage les ont poussés à monter leur propre microbrasserie. Après une année en tant que brasseurs nomades, les deux amis ont fait l'acquisition de leurs propres cuves au début de l'année 2019.

INFOS PRATIQUES

Horaires d'ouverture :
Jeudi 17h-22h
Vendredi 12h-22h
Samedi 15h-21h

CONTACT

Brasserie Aerofab
18 rue du Moulin
44880 Sautron
salut@aerofab.fr
Tél : 09 54 33 27 07
www.aerofab.fr

UNE BIÈRE APRÈS LA RANDO ?

Petite Brise, Session IPA

3,8 %

ALC

AMER LÉGER

BLONDE

FRUITÉE

IPA légère conceptualisée pour étancher la soif après une journée riche en effort, la petite brise est une bière hautement « pintable », légèrement amère et pleinement fruitée.

QUE FAUT-IL RAMENER DE LA BRASSERIE ABSOLUMENT ?

Aerofab propose toute une gamme de bières acides, dites Sour, allant de style historique comme la Göse, la Berliner Wiesse, vers des styles plus modernes tels qu'une Sour IPA, un tropical Sour.

SAUTRON ET LE CENS

Source : JAHAN - Visorando

Au départ de Sautron, découvrez la vallée du Cens et ses sentiers bordés d'une faune et d'une flore exceptionnelles. Longez la rivière du Cens et admirez les jolis paysages qui vous entourent, porté par le son de l'eau qui s'écoule.

FICHE TECHNIQUE

N 47.268075° / O 1.671274°

2 h 50 — 67 m

9,39 km — Facile

41 m — 1223SB

DESCRIPTION DE LA RANDONNÉE

Départ du parking, à l'entrée de Sautron, en venant de Treillières par la D26 depuis le haut de la côte de la Ménardais.

D/A : Prendre à droite au bout du parking en direction de la vallée du Cens. Marcher jusqu'au Cens et prendre à gauche le chemin qui longe le Cens.

1. Traverser un cours d'eau à droite et monter une petite côte. Continuer sur ce chemin. Prendre à gauche, suivre les fléchages.
Arriver au lieu-dit Le Magasin. Au rond-point, prendre à gauche, rue des Accacias, puis à droite, rue des Ormeaux (fléchage jaune). Prendre à droite dans le cul-de-sac. Arriver à la route, suivre le chemin des Goulets sur la droite.

2. À la pancarte « Les Goulets» , prendre le chemin à droite (GR®3, fléchage rouge et blanc). Suivre le GR®3 jusqu'au Cens. Traverser le Cens sur les deux ponts.
Après le deuxième pont, prendre à droite et monter dans le petit goulet étroit et humide. Passer à côté de la ferme de la Barbotière et continuer sur le GR®3. Arriver sur une route, prendre à gauche. Traverser le village de la Guillaudière.

3. Au village du Defay, laisser sur la droite le GR®3 et prendre, à gauche, en direction de la Roulière (voie sans issue). Prendre le chemin communal à droite (fléchage blanc et vert).

Le Cens, Orvault © Sylva in P.

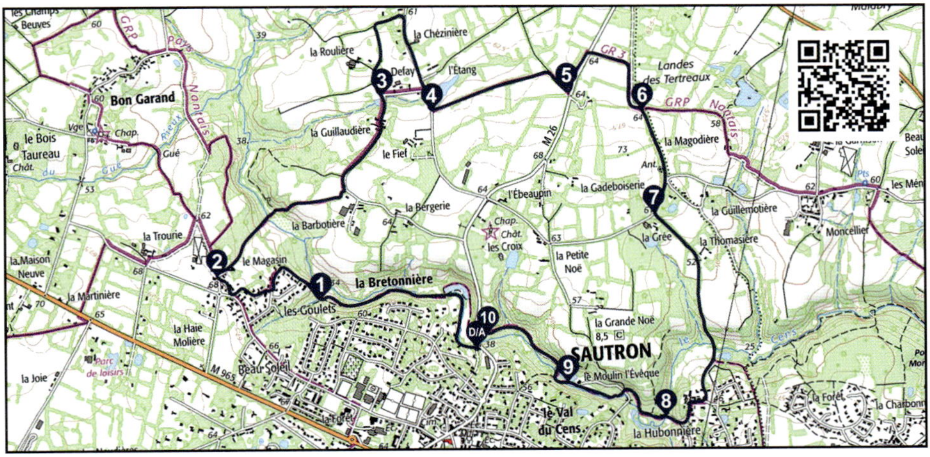

Continuer jusqu'à un embranchement et tourner à droite. Arriver rapidement sur une route, tourner à droite, en direction de la Chézinière. Continuer sur cette route.

4. Prendre la route, à gauche, avant un grand étang. Passer les maisons et continuer sur un chemin de remembrement. Au bout du chemin, à droite, emprunter un autre chemin de remembrement. Continuer tout droit jusqu'au stop.

5. Virer à gauche sur la D26 (Attention de bien marcher en file indienne). Après 200 à 250 m, prendre le chemin sur la droite (GR®3). Au bout du chemin, prendre le chemin à droite.

6. Laisser le GR®3 à gauche et continuer tout droit. Passer à côté du pylône et prendre la route la plus à droite en direction de la Grée.

7. Tourner à gauche sur la route sans issue de la Thomasière. Au niveau des maisons, prendre le chemin sur la droite. Continuer sur ce chemin, traverser le Cens puis suivre le chemin à droite (fléchage jaune). Arrivé dans le village, prendre à droite (fléchage jaune). Prendre ensuite à gauche, suivre le fléchage jaune et bleu et continuer sur ce chemin.

8. Retraverser le Cens (fléchage jaune). Traverser une route et longer le Cens (fléchage jaune).

9. Arriver au grand étang du Moulin l'Évêque, retraverser, à droite, le Cens par un pont en pierre et continuer le chemin.

10. Rue de la Vallée, tourner à gauche puis à droite pour regagner le parking (**D/A**).

POINTS DE PASSAGE

D/A : km 0 - alt. 42 m - Parking
1. km 1.11 - alt. 48 m - Traversée d'un cours d'eau
2. km 1.88 - alt. 67 m - Pancarte les Goulets
3. km 3.27 - alt. 57 m - Bifurcation à gauche
4. km 4.14 - alt. 61 m - Route à gauche à l'étang
5. km 5.28 - alt. 64 m - Jonction avec la D26
6. km 5.99 - alt. 65 m - Tout droit, quitter le GR
7. km 6.55 - alt. 65 m - À gauche, impasse
8. km 7.94 - alt. 35 m - Traversée du Cens
9. km 8.6 - alt. 47 m - Moulin l'Évêque
10. km 9.26 - alt. 40 m - À gauche, rue de la vallée
D/A : km 9.39 - alt. 42 m - Parking

37 la DILETTANTE

Créée en 2015 par Jean-Baptiste et rejoint par Pierre en 2017, la Brasserie La Dilettante est installée à Saint-Nolff dans le département du Morbihan. C'est au détour d'une rencontre lors d'un mariage bien arrosé que les deux amis décident de se lancer dans cette aventure. Brassées avec des ingrédients 100% biologiques sélectionnés avec soin, les bières de la brasserie bretonne sont aromatiques, créatives et récréatives. La gamme de la brasserie aujourd'hui se compose de 6 bières permanentes.

INFOS PRATIQUES

La Flemme , Bar et Cave,
est l'espace d'accueil du public.

Lundi - mercredi : 10h-20h
Jeudi - vendredi : 11h-22h
Samedi : 10h-20h

CONTACT

Brasserie La Dilettante
Zone Artisanale de Kerboulard
56250 Saint-Nolff
info.brasserie@ladilettante.com
Tél : 02 52 32 14 10
www.brasserieladilettante.com

UNE BIÈRE APRÈS LA RANDO ?

La Flemme, Pale Ale

5,2 %
ALC

AMER
LÉGER

BLONDE

FLORALE

C'est la blonde de soif, celle qu'on boit sans se prendre la tête. Avec des copains à l'apéro, autour d'un pique-nique champêtre, sur une plage du Morbihan, dans sa baignoire ou sur son poney de Monterufoli.

QUE FAUT-IL ABSOLUMENT RAMENER DE LA BRASSERIE ?

... À votre pote **tout mou ou toute molle** ; *La Fougue* - I.P.A - 6,5% APV - Cette India Pale Ale bretonne cartonne le cerveau avec sa tonne de houblons puissants et aromatiques. Un nez sur l'agrume et la résine, une attaque qui tire sur le pamplemousse, une rondeur maltée, une note épicée... Bref, réveille-toi et traverse l'atlantique MAINTENANT !!!

TOUR DU GOLFE 11 : CONLEAU - ARRADON PENBOC'H

Source : Michel MALARDÉ-Visorando

Cette randonnée fait partie intégrante du circuit du Tour du Golfe du Morbihan. Une très belle randonnée qui va permettre, à partir de la Presqu'île de Conleau, de découvrir l'entrée de la rivière de Vannes.

La fin du parcours permettra de descendre la rivière du Vincin et d'apercevoir sur l'autre rive Conleau, notre point de départ, Port Anna et la maison rose.

DESCRIPTION DE LA RANDONNÉE

Le départ de cette randonnée se fait du parking situé sur la Presqu'île de Conleau. Parking entre les restaurants (attention, parking payant l'été).

La maison rose © Michel Malardé

FICHE TECHNIQUE

D : N 47.629326° / O 2.77865°
A : N 47.624203° / O 2.799914°

3 h 15 — 15 m

11,13 km — Facile

41 m — 0921OT 0921OTR

D : Prendre le GR®34 le long de la mer et contourner la pointe de la presqu'île.

1. Passer sur la digue le long de la piscine d'eau de mer. Au bout, traverser les sous-bois et rejoindre la route que l'on suit sur 200 m.

2. Tourner à gauche et suivre le sentier qui borde l'estuaire de la rivière du Vincin.

3. À Cliscouët, poursuivre le sentier côtier.

4. Le sentier débouche sur une petite route à un rond-point que l'on prend à gauche. Après une légère courbe sur la droite, reprendre une rue à gauche et, au bout de celle-ci, continuer tout droit sur le chemin.

5. Déboucher à nouveau sur une route que l'on suit en laissant deux routes à gauche. Continuer jusqu'à un croisement en T que l'on prend sur la gauche (**6**).

7. Arriver sur la route (D201), prendre à gauche et, après le pont, à nouveau à gauche. Remonter la rue et prendre le chemin sur la droite puis à nouveau à droite.

8. Puis revenir sur la route et poursuivre sur 600 m environ.

9. À l'intersection des deux routes, tourner à gauche direction Roguedas. Suivre la route sur quelques centaines de mètres.

10. Prendre le chemin côtier à gauche. Longer la côte en suivant le GR® 34 (Tour du Golfe). Après la descente, suivre la digue et, au mur que l'on suit, prendre à droite (GR®).

11. À la fourche, obliquer à droite. Au carrefour, à Kerguen, tourner à gauche.

12. Nouveau carrefour à Haliguen, prendre à gauche (direction Penboc'h). Suivre la route tout droit jusqu'à Benalo et retrouver le parking dans le virage (**A**).

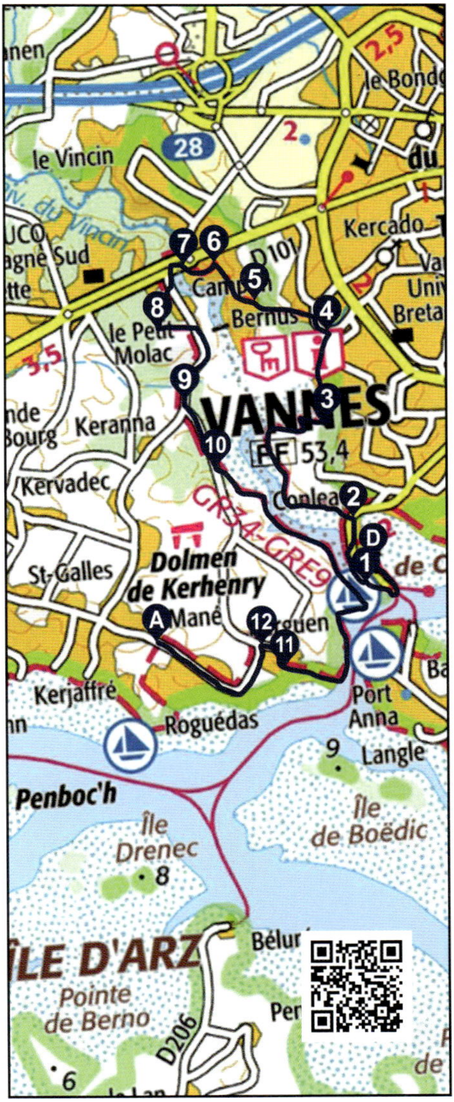

POINTS DE PASSAGE

D : km 0 - alt. 3 m - Parking presqu'île de Conleau
1. km 0.54 - alt. 5 m - Digue le long de la piscine
2. km 1.09 - Sentier le long de l'estuaire du Vincin
3. km 2.82 - alt. 5 m - Cliscouët
4. km 3.56 - alt. 10 m - Arrivée rond-point
5. km 4.21 - alt. 18 m - Liaison avec rue
6. km 4.63 - alt. 20 m - Intersection
7. km 4.92 - alt. 10 m - Jonction RD201
8. km 5.49 - alt. 31 m - À droite vers la route
9. km 6.41 - Intersection, prendre à gauche
10. km 6.94 - alt. 11 m - Chemin côtier
11. km 9.67 - alt. 10 m - Fourche
12. km 9.99 - alt. 18 m - Haliguen
A : km 11.12 - alt. 26 m - Parking à Benalo

INFOS PRATIQUES

Marche sur les chemins côtiers, prévoir de bonnes chaussures.

38

Concarneau — Depuis 1999

Tri Martolod

Brasserie Artisanale Coopérative Indépendante

Tri Martolod voit le jour en 1999 à Bénodet et lance la première Pils bretonne traditionnelle. Bière blonde de basse fermentation ni filtrée ni pasteurisée, elle saura imposer ses arômes et son savoir-faire face aux mastodontes industriels dans les bars et les évènementiels bretons. Société coopérative dès sa création, Tri Martolod, brasserie artisanale pionnière en Bretagne, a toujours privilégié l'humain et a conservé son indépendance face aux géants du marché.

INFOS PRATIQUES

Visite guidée gratuite de la brasserie de mi-juin à mi-septembre les jeudis à 11h. Visite libre et gratuite le reste du temps.
Magasin/Bar Ouvert du lundi au jeudi de 10h à 20h Le vendredi de 10h à 22h et le samedi de 10h à 19h.

CONTACT

Brasserie Tri Martolod
Z.A. du Colguen
29900 Concarneau
contact@trimartolod.fr
Tél : 02 98 66 20 22
www.trimartolod.fr

UNE BIÈRE APRÈS LA RANDO ?

Tri Martelod Blonde, Pils

De style pils de tradition Tchèque ou Allemande, elle se dévoile sous une robe très légèrement cuivrée ainsi qu'une mousse blanche abondante et très persistante. Au nez, on retrouve une douceur qui s'apparente à des notes de miel, amenées par les malts, et une amertume fine issue des houblons. Un savant mélange opéré entre miel, agrumes et notes herbacées.

QUE FAUT-IL ABSOLUMENT RAMENER DE LA BRASSERIE ?

... À votre pote **qui fume trop** - *La fumée*: Bière brune fumée accessible, cette bière suppose une attaque légèrement acidulée avec un retour fumé bien présent.

CIRCUIT DE L'ANSE DE POULDOHAN ET LA POINTE DE LA JUMENT

Source : FLOCH Michel-Visorando

Circuit en grande partie sur le sentier côtier qui borde les nombreuses criques de l'Anse de Pouldohan et retour par la Pointe de la Jument.

FICHE TECHNIQUE

N 47.840723° / O 3.896995°

3h00 — 15 m

12,27 km — Facile

11 m — 0519ET 0620ET

DESCRIPTION DE LA RANDONNÉE

Parking de la Plage de Pouldohan.

Balisage GR®34 blanc et rouge

D/A : À la plage, prendre le sentier côtier sur la droite et le suivre le long de Porz Breign. Il se poursuit en contournant l'anse de Pouldohan.

1. En retrouvant une petite route, virer à gauche près de la Maison de la Mer et continuer vers la cale de Porz an Halen.

2. Le sentier continue en contournant la plage de Ster Greich pour aboutir à la Pointe de Grignallou où se trouve le feu d'entrée de l'anse du Moulin à Mer.

3. Suivre sur quelques mètres la rue Hent-Beg-Enez et retrouver sur la gauche le

Trégunc © Michel Floch

sentier côtier qui se poursuit dans un bois de pins pour retrouver la rue Hent-Beg-Enez. Tourner à gauche sur 100 m environ jusqu'à l'entrée du chantier naval du Minaouet.

Hors balisage

4. Laisser sur la gauche le GR®34 et prendre à droite dans la rue des Embruns puis à gauche Hent-Kerbiquet. Au carrefour (panneau d'entrée dans Lambel), tourner à droite route de Kerlary. La poursuivre jusqu'à la jonction avec la route principale (route de Pouldohan).

5. Traverser la route et prendre légèrement en face la direction de Kernézic, Kerouat et continuer. Dépasser la première ferme.

6. Laisser sur la droite l'accès à la ferme de Kerouat et poursuivre sur la gauche par la route de Kerouat pour rejoindre la route principale. La route principale mène à la Pointe de la Jument, face à un grand camping.

7. Tourner à droite et suivre cette route sur environ 400 m, (sur la droite, hameau de Toulgoat).

8. Tourner à gauche vers le hameau de Keroulas. Laisser deux impasses à gauche et une à droite.

9. Virer à droite au fond, traverser le hameau puis suivre le sentier entre les maisons et la route des galets. Rejoindre la route de la Plage, à Pendruc et la suivre jusqu'à la mer (parking).

Balisage GR®34 blanc et rouge

10. Suivre le sentier côtier par la droite, direction la Pointe de la Jument et son amer.

Kerneac'h
le Dorlet
Kerandon
Ménez Bihan
GRP
le Moulin Neuf
Loch Korrig
Croaz Hent du Treff
D783
Stang ar Lin
la Ville Close
Bac
EAU
D122
16 D22
le Chant des Oiseaux
4
le Treff
Kerancalvez
Lanriec
are de la Croix
le Marinarium
8
Penhars
Douric ar-Zin
Anse de Kersaux
Monument
Kerhélène
Pont Minaouët
Keranseil
Kermao
du Cabellou
6
Kersaux
Kerangall
Cabellou
4,5
le Cabellou
Grignallou
Kerouel
Kermangam
Kermao
Pointe de Grignallou
Kerpiquet
Roud
Anse de Pouldohan
Lambell
D/A
Pouldohan
3,5
1
2
3
4
5
6
7
8
9
10
11
12
13
14
5.
Goarem Discarn
Pointe de la Jument
Pendruc
Lanénos
Kerlaëren
GR34-GRE9
Ruat Vraz
Kerdallé
Loc'h Louargar
Kerannouat
Kerouini

11. Continuer et, au niveau de la cale, suivre la route et virer à droite pour rejoindre le parking en passant à côté du local du centre nautique (**D/A**).

À PROXIMITÉ

Concarneau : sa ville-close, son port de pêche. Embarquement pour l'archipel des Glénans.

Port-La-Forêt : port de plaisance et base nautique d'entraînement pour de nombreux skippers.

POINTS DE PASSAGE

D/A : km 0 - Parking de la plage de Pouldohan.
1. km 2.41 - Vers la cale de Porz an Halen.
2. km 2.77 - alt. 5 m - Plage de Ster Greich
3. km 4.14 - Feu d'entrée de l'Anse du Moulin Mer
4. km 4.89 - alt. 13 m - Fin du GR.
5. km 6.38 - Traversée de la route de Pouldohan
6. km 6.68 - À gauche avant à la ferme de Kerouat
7. km 7.1 - Route de la Pointe de la Jument, à droite
8. km 7.46 - alt. 15 m - Vers le hameau de Keroulas
9. km 7.73 - À droite au fond du hameau de Keroulas
10. km 8.54 - alt. 4 m - Sentier côtier (GR)
11. km 9.25 - alt. 2 m - Pointe de la Jument
D/A : km 10.27 - Parking de la plage de Pouldohan

Trégunc © Michel Floch

39

BRASSERIE DU VIEUX SINGE

BIÈRES RENNAISES ARTISANALES & BIO

La Brasserie du Vieux Singe produit des bières de style, aux recettes soignées et aux goûts variés. Le tout, en utilisant des ingrédients bio, et locaux autant que possible. C'est aussi une Scop : une entreprise coopérative, où ce sont les salarié·es-associé·es qui décident ensemble des projets et de leurs conditions de travail.

CONTACT

Brasserie du Vieux Singe
4 bis rue Janig Corlay
35136 Saint-Jacques-de-la-Lande
contact@vieuxsinge.com
Tél : 06 74 78 54 89
www.vieuxsinge.com

INFOS PRATIQUES

Horaires d'ouverture :
Vendredi : 10h - 17h

UNE BIÈRE APRÈS LA RANDO ?

Souffle tropical - american wheat

4,5 %

ALC | LÉGÈRE | BLANCHE | FRUITÉE

Des notes de mangue, litchi, fruit de la passion... Un Souffle Tropical vous transporte vers d'autres horizons. Une bière de blé légère, peu amère, et très aromatique grâce aux houblons. À déguster de préférence sous un soleil de plomb, juste après s'être baigné dans l'Atlantique... ou après une bonne rando !

QUE FAUT-IL ABSOLUMENT RAMENER DE LA BRASSERIE ?

... À votre pote **aventurier** qui rêve de découvrir de nouveaux horizons - *Nouveau Monde* - Une American Pale Ale dorée à 5%, aux saveurs d'agrumes, une robe dorée, une amertume juste assez marquée... Voici une bière qui met en avant l'aromatique des houblons du Nouveau Monde. Et c'est rafraîchissant !

ÉTANGS D'APIGNÉ ET BORDS DE VILAINE

Source : tugny44- Visorando

Découvrez les étangs d'Apigné, au sud-ouest de Rennes, et longez la Vilaine sur le chemin de halage pour profiter de l'air de la campagne à quelques pas seulement de l'effervescence du centre-ville. Ce lieu très prisé des cyclistes, coureurs ou des familles venues pique-niquer était autrefois utilisé par les bateleurs et leurs chevaux afin de tirer les péniches pour les faire avancer.

FICHE TECHNIQUE

N 48.06467° / O 1.760717°

3 h 30 — 30 m

12,05 km — Moyenne

9 m — 1218SB 1219SB

DESCRIPTION DE LA RANDONNÉE

Départ au lieu-dit Champcors. Se garer sur un parking le long de la Vilaine sur la commune de Bruz.

D/A : Prendre le sentier, en face, de l'autre côté de la D434. Suivre ce sentier qui longe et remonte la Vilaine jusqu'au croisement avec la route de la Planche.

1. Prendre à droite, longer la route sur quelques mètres, passer devant le bar-restaurant « Les Terrasses d'Apigné », traverser la rue pour entrer sur le site de l'étang. Contourner l'étang par la droite.

2. Traverser le petit pont de bois et continuer.

3. Au croisement de sentiers suivant, continuer à gauche. Contourner l'étang. Longer une zone marécageuse sur la droite puis une pièce d'eau.

Les bords de la Vilaine © Valentin Got

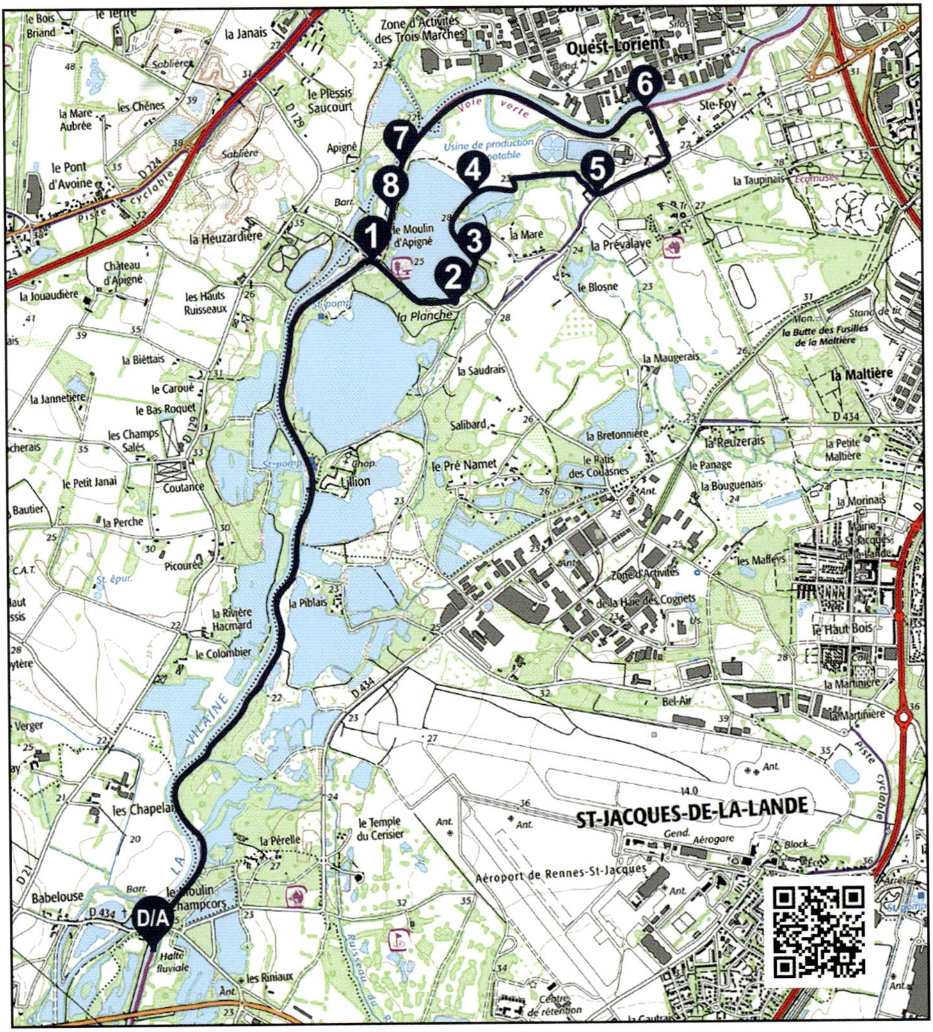

4. Ne pas continuer le sentier qui fait le tour de l'étang. Prendre à droite et continuer tout droit jusqu'au chemin de la Prévalaye (route).

5. Suivre cette route sur une courte distance. Prendre la première route à gauche, le chemin Pierre Flatrès. Poursuivre jusqu'au chemin de halage qui longe la Vilaine.

6. Suivre le chemin de halage, à gauche. Attention, ce chemin est très fréquenté par des cyclistes et des coureurs.

7. Quitter le chemin de halage. Prendre à gauche vers l'étang. Faire un aller-retour à la base nautique. Revenir sur ses pas, contourner l'étang dans le sens in-

Parc du Thabor © Gilles Goin

verse des aiguilles d'une montre. Après quelques centaines de mètres, quitter sur la droite le tour d'étang et rejoindre le chemin de halage, face à un atelier de réparation pour bateaux.

8. Prendre le chemin à gauche. Revenir au village près du bar restaurant « Les Terrasses d'Apigné ». Traverser la route.

1. Continuer sur le chemin de halage, faire le chemin de l'aller en sens inverse jusqu'au village de Champcors. Traverser la D434 et regagner le parking (D/A).

À PROXIMITÉ

Rennes

Fondée à l'époque gallo-romaine, Rennes s'est considérablement développée au Moyen Âge et sous l'Ancien-Régime. Aujourd'hui considérée comme la capitale de la Bretagne, la ville dispose d'un patrimoine historique et culturel considérable avec ses maisons à colombage place Sainte-Anne, le Parlement de Bretagne, l'Opéra, les jardins du Thabor surnommé « le prince des jardins » et bien d'autres lieux d'exception. Sans oublier sa gastronomie : les crêpes et les galettes !

POINTS DE PASSAGE

D/A : km 0 - alt. 21 m - Parking de Champcors
1. km 3.8 - alt. 23 m - Route de la Planche
2. km 4.4 - alt. 20 m - Petit pont de bois
3. km 4.53 - alt. 23 m - À gauche
4. km 4.95 - alt. 21 m - À droite vers le chemin de la Prévalaye
5. km 5.63 - alt. 25 m - Chemin de la Prévalaye
6. km 6.29 - alt. 27 m - À gauche sur le halage
7. km 7.68 - alt. 20 m - À gauche vers l'étang
8. km 8.05 - alt. 24 m - À gauche sur le halage
D/A : km 12.05 - alt. 21 m - Parking de Champcors

INFOS PRATIQUES

De nombreux aménagements tout le long du circuit, surtout sur le plan d'eau principal. Base nautique : plage de sable, mobilier sportif urbain, baignade surveillée l'été.

Centre-ville de Rennes
© Jean-Marc Bilquez

40 SKUMENN

C'est en 2015 que Tom et Steph ont inauguré leur nouveau projet : la Brasserie Skummen à Acigné en Ille-et-Vilaine. Lors d'un voyage en Inde, Steph caresse les pages d'un manuel de survie évoquant la nécessité de réserver une partie de son temps à la fabrication de bière. C'est le déclic, les deux compères, amis d'enfance lancent leur activité. Aujourd'hui la brasserie Skumenn compte 8 bières fixes sur sa gamme Il est à noter que l'ensemble des bières sont confectionnées à partir de matières premières issues de l'agriculture biologique.

INFOS PRATIQUES

Lundi : Fermé
Mardi & mercredi : 11 h 30-14h /16h-21h
Jeudi : 11 h 30-14h /16h - 22h
Vendredi : 11 h 30-22h
Samedi : 14 h 30-21h
Food Trucks le midi, mardi, jeudi et vendredi

VISITE & DÉGUSTATION
Chaque samedi sur RDV

CONTACT

Brasserie Skumenn
8, impasse des Charmilles
35510 Cesson-Sévigné
contact@skumenn.com
Tél : 02 23 30 59 80
www.skumenn.com

UNE BIÈRE APRÈS LA RANDO ?

Hoppy Wheat, Pale Ale

ALC AMÈRE BLANCHE FLORALE

Cette bière de blé fortement aromatique conviendra parfaitement à étancher votre soif. Hymne à la nature et à la tiède lumière du soleil du printemps, cette bière à base de blé mélange harmonieusement des variétés de houblons aux notes d'ananas et de fleurs. L'ensemble est vif, floral et joyeux.

QUE FAUT-IL ABSOLUMENT RAMENER DE LA BRASSERIE ?

… À votre pote qui part régulièrement en **retraite en Inde** : *Dehli Dehli Double India Pale Ale* - Cette bière extrême est l'expression de cette ville, hors du commun. Une belle amertume et un fort taux d'alcool combinés à l'utilisation de houblons aromatiques à hautes doses.

LE COUESNON ET LA MINETTE

Source : Matt-Visorando

Randonnée de 4h (d'où sa difficulté moyenne). Un peu de route et pas mal de chemins. Vous traversez les vallées du Couesnon et de la Minette.

FICHE TECHNIQUE

- N 48.341389° / O 1.491888°
- 6h35
- 75 m
- 21,36 km
- Moyenne
- 186 m
- 1217SB 1317SB

DESCRIPTION DE LA RANDONNÉE

Se garer au niveau du terrain de foot Allée du Stade à Vieux-Vy-sur-Couesnon.

D/A : Traverser la rue Pierre Hubert pour aller vers la rue des Étangs. Continuez sur la D320. Arriver après une petite descente à un gros carrefour, prendre la première à droite puis remonter. Un petit chemin sera visible à gauche 50 m plus loin.

Dans le lit du Couesnon
© OT Vieux-Vy-Sur-Couesnon

1. Le prendre. Ce chemin longe le ruisseau des vallées et est à flanc de petites collines.

À la fin de ce chemin, arriver sur une route. Prendre à droite et longer sur une dizaine de mètres pour prendre un autre chemin à gauche. Celui-ci longe le Couesnon. Passer aussi à côté d'une carrière.

2. À la fin de ce chemin, prendre la route à gauche et passer au-dessus du Couesnon par un pont. Tout de suite après le pont, tourner à droite vers le Moulin du Pont Brard. Continuer tout droit en longeant la Minette.

Prendre le chemin qui monte à gauche, en face de l'habitation. Arriver dans les anciennes habitations des miniers à Brais. Continuer tout droit par la rue principale,

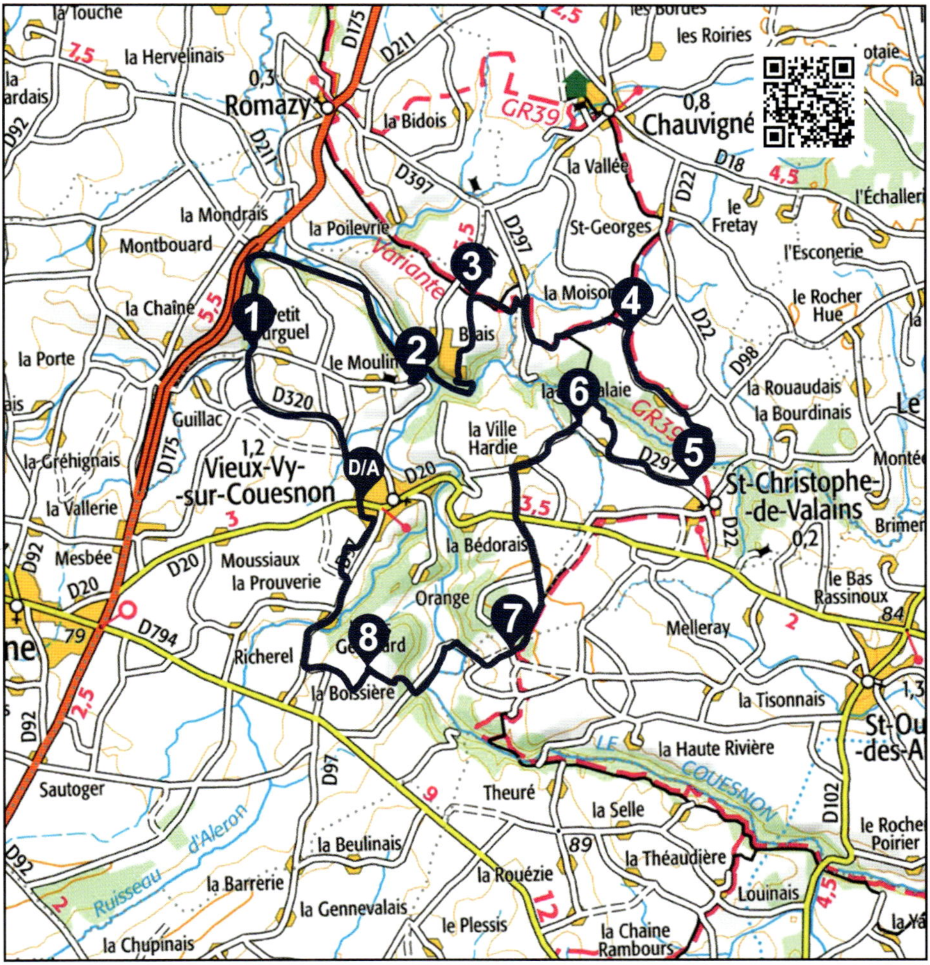

et tourner à droite à l'intersection (rue du Puits). Retomber sur un chemin. Prendre à gauche vers le nord.

Attention ce chemin peut être boueux par temps de pluie. S'écarter par le champ à gauche s'il est impraticable.

3. À la fin du chemin, prendre à droite. Peu après, prendre à droite quand le chemin se sépare en deux. À la fin du chemin, suivre la route à droite (D297). À la patte d'oie, prendre la route à gauche. 200 m plus loin, emprunter le chemin à gauche avant d'entrer dans la ferme. Prendre à droite quand le chemin se sépare en deux. Rejoindre la route de la Chênaie.

4. Prendre à droite à la fin de cette route (Sud). Continuer sur cette route pendant

1,1 km et tourner à droite au lieu-dit La Prétaie. Suivre les signes de randonnée, atteindre un chemin qui longe l'étable.

Descendre ce chemin pour tourner à droite vers le Pont de la Minette, un vieux pont en pierre. Remonter la route jusqu'au calvaire.

5. Tourner à droite vers l'ouest, sans passer par Saint-Christophe-de-Valains. Après 1 km sur cette route, prendre un chemin à droite avant d'entrer au lieu-dit la Basse Haye.

Arriver au lieu-dit La Sourde, puis longer la Minette sur la route à droite. Ensuite, remonter la vallée.

6. Emprunter la route D297 à droite à la bifurcation. Tourner à la deuxième à gauche pour rejoindre la D20. Traverser la départementale pour prendre la route à gauche.

Continuer sur cette route jusqu'à un chemin à gauche avant le virage à droite. Aller toujours tout droit puis prendre le chemin à droite pour remonter un peu. Arriver sur un chemin plus important.

7. Suivre le chemin à droite, laisser plus loin l'accès à gauche vers la Jacopinière, puis passer au-dessus du Couesnon et arriver au lieu-dit Le Val. Observer des oies, beaucoup de chiens dont deux sont en liberté mais inoffensifs.

Continuer le chemin tout droit et tourner à droite sur un petit chemin avant la montée.

Après une bonne montée, vous arriver dans le hameau de la Cultais.

8. Tourner à gauche. Continuer sur la route jusqu'à l'intersection avec la D97. Prendre à droite sur cette route.

Attention, petite route très fréquentée.

Continuer sur cette route, passer sur un pont puis remonter vers le bourg. Tourner à gauche vers le lieu-dit La Hautraite et suivre le chemin à droite entre les deux premières maisons. Continuer tout droit avant de rejoindre le terrain de foot et le parking (**D/A**).

Brasserie Skumenn

INFOS PRATIQUES

Équipement à prévoir : Bonnes chaussures de randonnée, carte IGN, sac avec gourde d'eau (au moins 1 L) et fruits secs si fringale, vêtements qui ne craignent rien, cape de pluie.

POINTS DE PASSAGE

D/A : km 0 - alt. 65 m - Terrain de foot
1. km 2.22 - alt. 41 m - À gauche sur le chemin
2. km 5.31 - alt. 50 m - À gauche sur la route
3. km 7.24 - alt. 73 m - À droite
4. km 9.54 - alt. 74 m - À droite sur la route
5. km 11.56 - alt. 71 m - Calvaire à droite
6. km 13.88 - alt. 63 m - À droite sur la D297
7. km 16.65 - alt. 84 m - À droite sur le chemin
8. km 18.5 - alt. 88 m - La Cultais
D/A : km 21.36 - alt. 65 m - Terrain de foot

À PROXIMITÉ

Gahard et son église romane, la forêt et le Château de Saint-Aubin du Cormier.

RANDO-REFUGE DANS LE MASSIF DU JURA

Belles balades et brasseries artisanales de qualité

Amateurs de bières artisanales ? Suivez le guide !

Partez à la découverte de randonnées originales dans le massif du Jura et qui ont la bonne idée de se dérouler à proximité de brasseries artisanales de qualité. Vous pourrez ainsi marier plaisir de la marche et dégustation zythologique (étude de la bière). Arpentez la frontière franco-suisse et les massifs montagneux des départements du Doubs, de l'Ain et du Jura. Et laissez-vous surprendre par le renouveau du savoir-faire brassicole en trempant vos lèvres dans des bières de caractère, brassées par des artisans qui travaillent avec passion des matières premières de qualité.

RANDO-BIÈRE EN ALSACE

Belles balades et brasseries artisanales de qualité

Amateurs de bières artisanales ? Suivez le guide !
Partez à la découverte de randonnées classiques, originales, urbaines ou insolites en Alsace et qui ont la bonne idée de se dérouler à proximité de brasseries artisanales de qualité. Vous pourrez ainsi marier plaisir de la marche et dégustation zythologique (étude de la bière). Des sommets vosgiens aux zones humides du Rhin, en passant par les richesses patrimoniales des villes et des paysages agraires (houblonnière et vignoble), laissez-vous surprendre par le renouveau du savoir-faire brassicole alsacien en trempant vos lèvres dans des bières de caractère brassées par des artisans qui travaillent les matières premières avec passion.

RANDO-BIÈRE EN AUVERGNE

Belles balades et brasseries artisanales de qualité

Amateurs de bières artisanales ? Suivez le guide !

Partez à la découverte de randonnées originales en Auvergne qui ont la bonne idée de se dérouler à proximité de brasseries artisanales de qualité. Vous pourrez ainsi marier plaisir de la marche et dégustation zythologique (étude de la bière). Arpentez les départements du Puy-de-Dôme, de la Loire, de la Haute-Loire, du Cantal et de l'Allier. Et laissez-vous surprendre par le renouveau du savoir-faire brassicole en trempant vos lèvres dans des bières de caractère brassées par des artisans qui travaillent les matières premières avec passion.

RANDO-BIÈRE EN PROVENCE

Belles balades et brasseries artisanales de qualité

Amateurs de bières artisanales ? Suivez le guide !

Partez à la découverte de randonnées originales au cœur de la Provence et qui ont la bonne idée de se dérouler à proximité de brasseries artisanales de qualité. Vous pourrez ainsi marier plaisir de la marche et dégustation zythologique (étude de la bière).

Des calanques de Marseille jusqu'au Luberon, en passant par les Alpilles et l'arrière-pays varois, laissez-vous surprendre par des bières de caractère brassées par des artisans qui travaillent les matières premières avec passion et savoir-faire.

RANDO-VIN EN FRANCE

Belles balades et domaines viticoles de qualité

Aux quatre coins des régions viticoles, les vignobles ont pour cadre des paysages exceptionnels. En altitude sur des terrasses escarpées, en plaine, au bord de la mer... Leurs domaines constituent un point de départ privilégié pour de jolies randonnées au cœur de la nature ! Ce livre vous présente une sélection d'itinéraires de randonnées et vous invite à aller à la rencontre de vignerons passionnés. Travaillant en agriculture raisonnée, biologique ou biodynamique, ces artisans seront heureux de partager avec vous leur philosophie du vin. Récompense ultime de la randonnée ; la dégustation de vins au sein de leurs caveaux ! Santé !

RANDO-VIN PROVENCE ET CORSE

Belles balades et domaines viticoles de qualité

Arpentez les plus beaux chemins corses et provençaux et allez à la rencontre de vigneronnes et de vignerons passionnés et engagés.

Découvrez 40 domaines sélectionnés pour leur histoire, leur terroir et leur savoir-faire, et dégustez les coups de cœur de l'auteure. Grâce aux 40 randonnées originales et détaillées, déambulez au cœur de la Provence vigneronne et sportive qui caresse la Drôme provençale, s'enroule autour des Alpilles, longe la Sainte-Victoire, pousse les portes du Var et se jette sur les hauteurs de la Côte d'Azur. Traversez ensuite la Méditerranée pour arpenter, du nord au centre, les sentiers et vignobles magiques de l'île de Beauté. Point de départ ou réconfort de votre échappée, les caves corses et provençales vous ouvrent leurs portes !

DANS LA MÊME COLLECTION

RANDO-REFUGE DANS LES ALPES DU NORD

Belles balades et refuge de caractère

Besoin de déconnecter ? Envie d'une aventure, d'une évasion en pleine nature ? Alors pourquoi ne pas enfiler vos chaussures de marche et partir passer la nuit dans un refuge de montagne ?

Laissez-vous guider vers des refuges que nous avons spécialement sélectionnés pour vous et partez à la rencontre de gardiens passionnés et de paysages à couper le souffle. Du contenu de votre sac à la description précise des itinéraires, nous avons tout prévu pour que vous puissiez profiter pleinement de votre expérience. Pour tous les niveaux et tous les goûts, ce guide vous propose de découvrir des refuges chaleureux pour profiter en toute quiétude d'un repos bien mérité.

LES PLUS BELLES RANDONNÉES VISORANDO DES ALPES

Lacs, sommets et belles vallées

Parcourez les Alpes à travers les 62 plus belles randonnées Visorando ! De la Chartreuse au Mercantour, en passant par les somptueux massifs de la Vanoise et des Écrins, cet ouvrage, illustré de magnifiques photos, vous invite à parcourir les plus beaux sentiers des Alpes. Découvrez les vallées verdoyantes, les sommets enneigés et les plus beaux lacs de la Haute-Savoie aux Alpes-Maritimes.

RANDO-REFUGE DANS LES ALPES DU SUD

Belles balades et refuges de caractère

Besoin de déconnecter ? Envie d'une aventure, d'une évasion en pleine nature ? Alors pourquoi ne pas enfiler vos chaussures de marche et partir passer la nuit dans un refuge de montagne ? Laissez-vous guider vers les refuges des Alpes du Sud que nous avons spécialement sélectionnés pour vous et partez à la rencontre de gardiens et gardiennes passionnés et de paysages à couper le souffle.

Du contenu de votre sac à la description précise des itinéraires, nous avons tout prévu pour que vous puissiez profiter pleinement de votre expérience. Pour tous les niveaux et tous les goûts, ce guide vous propose de découvrir des refuges chaleureux avec 35 itinéraires de deux jours et des variantes familiales. Arpentez les Écrins, le Verdon, l'Ubaye, le Mercantour et le Queyras et profitez ensuite en toute quiétude d'un repos bien mérité.

RETROUVEZ NOTRE BOUTIQUE SUR :
WWW.CHEMINDESCRETES.FR

LACS AUTOUR DU MONT-BLANC
45 itinéraires d'exception

Cet ouvrage propose une sélection d'itinéraires variés et de tous niveaux menant aux plus beaux lacs de montagne autour du Mont-Blanc !

Depuis les Préalpes calcaires du Chablais, du Giffre, des Bornes et des Aravis jusqu'aux massifs cristallins des Aiguilles Rouges et du Mont-Blanc, avec quelques incursions sur les versants suisses et italiens, partez à la découverte de ces petits coins de paradis cachés.

Illustré par de magnifiques photos et une cartographie précise, ce livre constitue une véritable invitation à l'évasion en montagne.

RANDO-FROMAGE DANS LES ALPES DU NORD
Belles balades et fromageries de qualité

Ce livre propose un tour d'horizon de tous les massifs de l'Isère, de la Savoie et de la Haute-Savoie, à travers des parcours de difficultés variées, entre Bauges, Vercors, Chartreuse ou encore Aravis. De pages en pages, nous vous emmenons à la rencontre de ceux qui ont tous les jours les mains dans le chaudron et qui savent parler au caillé. Micro-productions fermières, exploitations plus importantes, peu importe la taille tant qu'on a l'ivresse d'une pâte bien affinée. Ludique, informatif, moulé avec passion, *Rando-fromage dans les Alpes du Nord* se destine aux aventuriers de l'authenticité et aux trublions du goût véritable.

RANDO-BIÈRE DANS LES ALPES DU NORD
Belles balades et brasseries artisanales de qualité

Amateurs de bières artisanales ? Suivez le guide ! Partez à la découverte de randonnées originales au cœur des Alpes du Nord, qui ont la bonne idée de se dérouler à proximité de brasseries artisanales de qualité.

Du Mont Aiguille jusqu'au Salève en passant par la croix du Nivolet, arpentez les massifs du Vercors, de Chartreuse, des Bauges, de Belledonne, de la Vanoise, du Beaufortain... Et laissez-vous surprendre par des bières originales brassées par des artisans qui travaillent des matières premières de qualité avec passion.

DANS LA MÊME COLLECTION

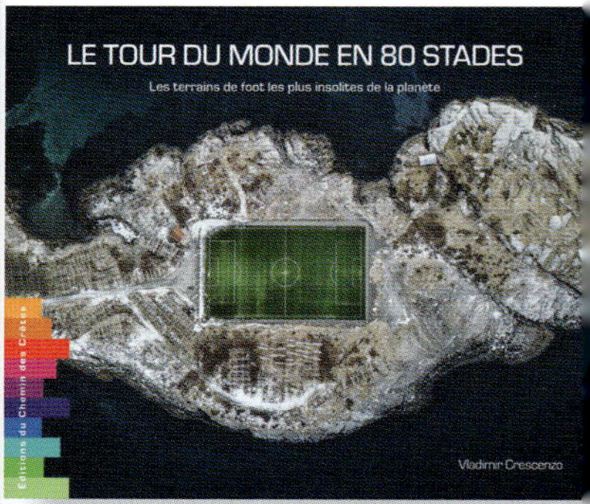

Pour en savoir plus sur les Éditions du Chemin des Crêtes, vous pouvez consulter notre site Internet et retrouver notre boutique sur :

www.chemindescretes.fr

Vous pouvez également suivre notre actualité sur les réseaux sociaux :

Éditions du Chemin des Crêtes

chemin_des_cretes_editions

À bientôt sur le chemin des crêtes !

IMPRIMÉ & RELIÉ en FRANCE par sepec